Fritz Mattejat und Beate Lisofsky

Nicht von schlechten Eltern

Fritz Mattejat und Beate Lisofsky

Nicht von schlechten Eltern

Kinder psychisch Kranker

BALANCE ratgeber

Fritz Mattejat und Beate Lisofsky:

Nicht von schlechten Eltern. Kinder psychisch Kranker.

4. korrigierte und ergänzte Auflage 2014

ISBN-Print 978-3-86739-037-8

ISBN-PDF 978-3-86739-826-8

Bibliografische Information der Deutschen Nationalbibliothek

Die Deutsche Nationalbibliothek verzeichnet diese Publikation in der Deutschen Nationalbibliografie; detaillierte bibliografische Daten sind im Internet über http://dnb.d-nb.de abrufbar.

© BALANCE buch + medien verlag GmbH, Köln 2008

Der Balance buch + medien verlag ist ein Imprint der Psychiatrie Verlag GmbH, Köln.

Alle Rechte vorbehalten. Kein Teil des Werkes darf ohne Zustimmung des Verlags vervielfältigt, digitalisiert oder verbreitet werden.

Umschlagkonzeption: p.o.l: kommunikation design, Köln,

unter Verwendung des Bildes »Familie« von Stefan Jost, Leipzig

Lektorat: Bettina Citron, Bonn

Typografiekonzept: Iga Bielejec, Nierstein

Satz: BALANCE buch + medien verlag, Köln

Druck und Bindung: AZ Druck und Datentechnik GmbH, Kempten

Zum Schutz von Umwelt und Ressourcen wurde für dieses Buch FSC®-zertifiziertes Papier verwendet:

MIX
Papier aus verantwortungsvollen Quellen
FSC
www.fsc.org
FSC® C008457

Vorwort
Fritz Mattejat und Beate Lisofsky 9

I Mit der Psychiatrie groß werden: Zur Situation der Kinder psychisch Kranker. Berichte von Kindern und Eltern

Ohne Netz und doppelten Boden
Wiebke Scherber 14

Die Depression ist eine Dame in Schwarz
A. P. 20

Die einzige Vertraute
Silke Bathe 27

Weit weg vom Schuss
C. S. 33

Familienbande
Familie H. 38

Tochtersein ist kein Beruf
Susanne Webel 47

Den Kindern Raum geben
Susanne Heim 54

II Die Entwicklung der Kinder und ihrer Familien: Was wir wissen sollten

Kinder mit psychisch kranken Eltern
Was wir wissen und was zu tun ist
Fritz Mattejat 68

Kinder und ihre Familien gezielt unterstützen
Albert Lenz 96

Welche Hilfen sind sinnvoll und wie lassen sich die Hilfen für eine Familie verbinden?
Michael Franz 106

Psychotherapiepatienten und ihre Kinder im ambulanten Bereich
Kurt Hahlweg, Anja Lexow und Meike Wiese 114

Kindgerechte Aufklärung bei psychischer Erkrankung eines Elternteils
Susanne Wunderer 123

Sorgen um das Sorgerecht?
Reinhold Schone 129

III Praktische Hilfen: Modelle und Initiativen für Eltern und Kinder

Interventionen für Kinder psychisch kranker Eltern
Viele Initiativen, aber keine Regelversorgung
Silke Wiegand-Grefe 140

Beziehungsabbrüche vermeiden
Das Heppenheimer Modell der Mutter-Kind-Behandlung
Hans-Peter Hartmann 150

Warum Mütter leiden
Eine interaktionszentrierte Mutter-Kind-Therapie
Christiane Hornstein 157

Verantwortung übernehmen
Die Arbeit der Evangelischen Beratungsstelle Würzburg
Andreas Schrappe 166

Vorbeugen ist wichtig
KIPKEL – ein ambulantes Präventionsprojekt
Susanna Staets 174

Kinder stark machen
Die Arbeit der Leipziger Beratungsstelle AURYN
Ines Andre-Lägel 191

Paten für die Zukunft
Patenschaften für Kinder psychisch kranker Eltern
Ortrud Beckmann und Alexandra Szylowicki 199

Ein Netzwerk aufbauen
Die Erfahrungen in Hamburg
Christiane Deneke 207

Anhang 217
Checkliste zur Risikoeinschätzung 217
Adressliste der BAG Kinder psychisch kranker Eltern 225
Hilfreiche Internetadressen 241
Literaturempfehlungen 242

Herausgeberin und Herausgeber 246

Autorinnen und Autoren 247

Vorwort

1998 ist die erste Ausgabe dieses Buches erschienen; wir haben uns damals die Aufgabe gestellt, die wichtigsten Informationen über die Situation von Kindern mit psychisch kranken Eltern aus der Sicht von Betroffenen und Fachleuten in einem Buch zusammenzustellen in der Hoffnung, dass das Buch einen Beitrag dazu leisten kann, die Kommunikation mit den Kindern und ihren Familien zu fördern. Die Resonanz auf dieses Buch war sehr ermutigend, Fachleute haben das Thema in vielfältiger Weise aufgegriffen und viele Betroffene haben uns positive Rückmeldungen gegeben.

Seit dieser Zeit sind viele gute Entwicklungen in Gang gekommen, die auch in den unterschiedlichen Ausgaben dieses Buches ihren Niederschlag gefunden haben: In der Fachliteratur hat man sich verstärkt mit den Problemen von Kindern psychisch kranker Eltern auseinandergesetzt und es sind mehrere Bücher und Broschüren für Fachleute und Betroffene neu erschienen. Besonders erfreulich ist es, dass es nunmehr auch einige Kinderbücher gibt, die von den Familien und Fachleuten im Gespräch mit Kindern psychisch kranker Eltern genutzt werden können. Durch diese Publikationen und viele Informationsveranstaltungen konnte erreicht werden, dass Fachleute ebenso wie die allgemeine Öffentlichkeit ein offeneres Ohr und vielleicht etwas mehr Verständnis für die Situation von Kindern psychisch kranker Eltern gewonnen haben. Wir hoffen, dass sich mit einer Verbesserung des Informationsstandes auch die Akzeptanz von psychischen Störungen verbessert hat.

Obwohl viele Betroffene immer noch Stigmatisierung fürchten müssen, finden immer mehr den Mut, ihre Probleme aktiv anzugehen und bei Bedarf psychiatrische oder psychotherapeutische Behandlungen in Anspruch zu nehmen. Dieser Bewusstseinswandel ist beispielsweise daran ablesbar, dass auch Politikerinnen und Politiker fordern, früher nach Risikofaktoren zu schauen, belasteten Familien eher Hilfen anzubieten und die Zusammenarbeit von Gesundheitsbehörden, Jugendhilfe und Schulen zu intensivieren. Auch in der Erwachsenenpsychiatrie sollte darüber nachgedacht werden, welchen Beitrag sie zum Schutz des Kindeswohls leisten kann.

Die Forschung konnte in der jüngeren Zeit, insbesondere im Bereich der Genetik, erhebliche Fortschritte verzeichnen. Wir wissen heute sehr viel mehr über die Ursachen psychischer Störungen und über das Zusammenspiel von Vererbung und Umwelt als noch vor zehn Jahren. Die Forschung zur Prävention von psychischen Störungen hat ebenfalls einen großen Aufschwung genommen, sodass wir heute wissen, dass psychoedukative Interventionen, vorbeugende Maßnahmen und spezielle Präventionsprogramme sehr wirksam sein können, um die Entstehung oder Chronifizierung von psychischen Störungen zu verhindern.

Schließlich sehen wir auch im praktischen Bereich, dass zu den Initiativen für Kinder psychisch kranker Eltern, die sich bewährt haben, viele neue Impulse hinzugekommen sind. Eine Übersicht über die deutsche Projektlandschaft hat Silke Wiegand-Grefe für diese Ausgabe hinzugefügt wie auch eine entsprechende Adressliste im Anhang, die zeigt, wie viele Initiativen es inzwischen in der ganzen Bundesrepublik gibt.

Trotz der vielen positiven Ansätze bleiben für die Betroffenen und für diejenigen, denen Kinder psychisch kranker Eltern und ihre Familien am Herzen liegen, noch manche Wünsche offen:

Es ist dringend notwendig, dass die Rahmenbedingungen für präventive Hilfsprojekte verbessert werden. Noch immer leben die meisten Projekte vom persönlichen Engagement einzelner Personen. Bis heute ist es äußerst schwierig, eine stabile Finanzierung für Präventionsprojekte zu erreichen. Als hinderlich erweist sich dabei, dass in Deutschland die Gesundheitsfürsorge und die Jugendhilfe aus getrennten finanziellen »Töpfen« gespeist werden, sodass die Gefahr besteht, dass sich beide Hilfssysteme aus der Verantwortung ziehen.

Ein weiteres wichtiges Hindernis besteht darin, dass Kinder im Bereich der psychiatrisch-psychotherapeutischen Versorgung gegenüber Erwachsenen immer noch benachteiligt sind, sodass viel zu wenige qualifizierte Kindertherapeuten in der ambulanten Versorgung zur Verfügung stehen.

Ein drittes Hindernis besteht schließlich darin, dass das System der Gesundheitsversorgung in Deutschland erst dann wirklich aktiv wird, wenn schon gesundheitliche Schädigungen eingetreten sind. Obwohl auch die Politik die hohe Bedeutung der Vorbeugung anerkannt hat, fehlen uns in Deutschland noch immer die gesetzlichen Rahmenbedingungen für eine effektive Prävention. Auch die Potenziale der Selbsthilfe der Familien bedürfen einer weiteren Förderung, um auch auf die Probleme der Kinder als Angehörige besser eingehen zu können.

Schließlich wäre es sehr wünschenswert, die vorhandenen Initiativen wissenschaftlich zu begleiten, um genaue Informationen darüber zu gewinnen, was wirklich nützlich und hilfreich ist.

Wir danken allen herzlich, die uns Rückmeldung zu unserem Buch gegeben haben. Ganz besonders danken wir allen Autoren und Autorinnen, die zu diesem Buch beigetragen haben;

gemeinsam mit ihnen hoffen wir, dass diese grundlegende Überarbeitung des Buches dazu beiträgt, die Situation von Kindern mit psychisch kranken Eltern und ihren Familien im skizzierten Sinne weiter zu verbessern. Und noch immer wünschen wir uns ganz besonders, dass wir mit diesem Buch Betroffene ermutigen, über ihre Erfahrungen zu sprechen.

Fritz Mattejat und Beate Lisofsky
Marburg und Berlin, im September 2013

I Mit der Psychiatrie groß werden:
Zur Situation der Kinder psychisch Kranker
Berichte von Kindern und Eltern

Ohne Netz und doppelten Boden

Als meine Mutter kurz nach der Geburt meines Bruders an Schizophrenie erkrankte, war ich knapp drei Jahre alt. Meine Mutter war deshalb das erste und einzige Mal für zwei bis drei Monate in einer Klinik. Sie kam völlig verändert nach Hause. Plötzlich hörte sie Stimmen. Sie sprach mit Menschen, die ich nicht sehen konnte. Teilweise war sie sehr aufgeregt und schrie nur noch. Sie war manchmal geistig völlig abwesend, saß nur auf dem Sofa und war nicht ansprechbar. Meinen Bruder, der ja noch ein Baby war, behandelte sie nach Aussage einer meiner Tanten wie einen Gegenstand. Sie war nicht in der Lage, sich um ihn zu kümmern. Mein Vater war beruflich eingespannt und den ganzen Tag über im Büro.

Durch ihre Erkrankung lebte meine Mutter in ihrer eigenen Welt. Von dieser war ich ausgeschlossen. Sie verhielt sich – für mich jedenfalls – unberechenbar, war stundenlang für mich und meinen Bruder nicht ansprechbar. Ich war ständig in »Habachtstellung« und unter Spannung, weil ich nicht wusste, wann »normales« Verhalten in etwas anderes umschlagen würde. Ich lernte, ihr nicht mehr zu vertrauen. Liebe konnte von einer Minute auf die andere in Aggressionen umschlagen.

Der Eindruck, dass nichts mehr planbar ist, dass nichts mehr sicher ist, dass von einem Tag auf den anderen alles umgeworfen werden kann, führte zu einem gewissen Fatalismus. Ich konnte mich noch so sehr bemühen, irgendetwas ging dann doch schief. Ich bin heute noch erstaunt, wenn etwas wie geplant funktioniert und nicht irgendetwas dazwischen kommt.

Auf meine Mutter konnte ich mich nicht verlassen. Ich musste deshalb lernen, dass die Wahnvorstellungen meiner Mutter nicht der Realität entsprachen und dass es besser war, nur meinen eigenen Wahrnehmungen zu vertrauen.

Das ist gerade für kleine Kinder sehr schwer. Sie müssen normalerweise dem vertrauen können, was ihre Eltern ihnen sagen. Das konnte ich fortan nicht mehr. Ich merkte schnell, dass das, was meine Mutter wollte, nicht immer gut für mich war. Das führte dazu, dass ich auch heute oft nur mache, was ich für richtig halte.

Das klingt jetzt so, als ob die Krankheit meiner Mutter mich zu einem besonders selbstbewussten Kind gemacht hätte. Das Gegenteil war der Fall: Ich musste von anderen Menschen erst lernen, wie sich »normale« Menschen verhalten. Deshalb tat ich eben nicht das, was ich selbst wollte, sondern achtete besonders darauf, möglichst nicht aufzufallen. Alles, was auffällig und damit unnormal war, brachte ich nämlich mit der Krankheit meiner Mutter in Verbindung. Ich wurde dadurch sehr still, sehr schüchtern. Das hat sich erst sehr viel später geändert.

Mein Vater forderte von uns Kindern viel Rücksichtnahme auf unsere Mutter. Ihr wurde vieles nachgesehen, was unter normalen Umständen sicherlich nicht gebilligt worden wäre. Es wurde damit entschuldigt, dass sie krank sei. So hat sie z. B. einfach Sachen von mir weggeworfen oder ist in mein Zimmer gekommen, um mich zu beschimpfen. Ich wusste mich damals nicht mehr anders zu schützen, als ständig mein Zimmer abzuschließen, auch wenn ich mich in der Wohnung befand.

Ihr Verhalten hatte aber auch andere Ursachen, so ließ sie z. B. einfach ihre schlechte Laune an uns Kindern aus. Manchmal war auch nicht klar, ob sie als Kranke etwas tatsächlich nicht konnte, z. B. ihre Aufgaben im Haushalt wahrnehmen, oder ob sie es nicht wollte und ihre Krankheit benutzte, um einen Vorteil daraus zu ziehen. Das Gebot der ständigen Rücksichtnahme hat mir sehr geschadet. Erst viel später habe ich gelernt, Grenzen zu setzen, nicht erst darauf zu achten, was ein anderer wollen könnte, sondern zunächst einmal meine eigenen Bedürfnisse wahrzunehmen, Forderungen an meinen Partner zu stellen und dies auch durchzusetzen. Ich musste erst lernen, dass ich selbst Rücksichtnahme erwarten darf.

Dies gilt gerade für den privaten Bereich, für Partnerschaften. Je mehr ich jemanden liebte, desto größer waren die Verlustängste. Ich bin immer noch sehr anpassungsfähig.

Die Angst vor dem Verlassenwerden habe ich heute noch manchmal. Den einen Tag fühlte ich mich geliebt, den anderen Tag zurückgewiesen. Daran war ich von meiner Mutter gewöhnt. Ich habe mich mehrmals in Männer verliebt, die mir einerseits zu verstehen gaben, dass sie mich liebten und mich andererseits – in irgendeiner Form – auf Distanz hielten. Das Muster habe ich erst spät durchbrochen.

Gleichzeitig hatte ich Angst vor Nähe. Ich habe niemanden an mich herangelassen. Ich versuchte nicht nur, weitere schmerzhafte Erfahrungen zu vermeiden. Ich hatte auch früh gelernt, über vieles zu schweigen.

Ungeschriebenes Gesetz war, dass nichts über die Erkrankung meiner Mutter nach außen dringen durfte. Die Stigmatisierung psychisch Kranker ließ meinen Vater die Entscheidung treffen, die Erkrankung meiner Mutter unter allen Umständen zu verheimlichen.Das heißt, ich durfte nicht sagen, was ich wollte, sondern musste mich ständig kontrollieren. Ich merkte auch an den Reaktionen meiner Umwelt auf meine Mutter, dass es besser war, über ihre Erkrankung zu schweigen. Da sie krank war, dachten einige automatisch, mit mir würde auch etwas nicht stimmen. Außerdem habe ich mich – aus heutiger Sicht – wahrscheinlich tatsächlich nicht wie ein normales Kind verhalten, da ich dieses normale Verhalten ja nicht kannte und erst von anderen lernen musste.

Als Kind habe ich die Erfahrung gemacht, von anderen ausgegrenzt zu werden. Ich kann mich noch an eine Szene erinnern, als ich vier oder fünf Jahre alt war. Die anderen Kinder auf der Straße wollten nicht mit mir spielen.

Ich habe mich oft allein gefühlt, zumal ich mich auch innerhalb der Familie allein fühlte. Mein Vater kümmerte sich sehr um meine erkrankte Mutter, die viel von seiner Zeit für sich forderte. Ich hatte den Eindruck, dass mein Vater eine fast symbiotische Beziehung mit meiner Mutter führte. Wir Kinder liefen neben her.

Der Zwang, über die Krankheit meiner Mutter zu schweigen, führte außerdem dazu, dass ich nicht viele Freunde hatte. Da ich meinen Freunden über einen wesentlichen Teil meines Lebens nichts erzählen durfte, bestand immer eine gewisse Distanz zwischen uns, da meine Freunde spürten, dass da noch etwas war, von dem sie nichts wussten.

Immer hatte icht Angst, meine Freunde mit nach Hause zu bringen, da ich damit rechnen musste, dass sich meine Mutter nicht normal verhielt. Einmal brachte ich eine Mitschülerin zum Mittagessen mit. Meine Mutter erschien im Morgenmantel, da sie gerade erst aufgestanden war. Sie benahm sich komisch und ein Mittagessen gab es nicht. Gott sei Dank hat diese Mitschülerin das in der Klasse nicht weitererzählt, sonst hätte ich in der Schule einen schweren Stand gehabt.

Wenn möglich, ging ich meine Freunde besuchen. Irgendwann jedoch wollten sie mal zu mir kommen. Das habe ich auf das Nötigste reduziert. Manche haben sich daraufhin von mir zurückgezogen. Ich wurde deshalb noch vorsichtiger im Umgang mit anderen. Noch in meinen Zwanzigern, als ich meine eigene Wohnung hatte, habe ich es vermieden, jemanden zu mir nach Hause einzuladen.

Sehr belastend war auch, dass meine Mutter keinerlei Krankheitseinsicht zeigte. Sie nahm nicht ihre Medikamente – wir haben sie dann heimlich in ihre Getränke oder ins Essen gemischt. Der ständige Kampf mit ihr, ihre Depotspritze abzuholen, ihre Tabletten zu nehmen, war sehr ermüdend.

Da von der Erkrankung meiner Mutter nichts nach außen dringen durfte, habe ich auch viele ihrer Aufgaben wahrgenommen, die sie nicht bewältigen konnte. Für mich bedeutete das, dass ich früh ihre Rolle im Haushalt übernommen habe und mich um meinen jüngeren Bruder kümmern musste. Statt einfach Kind sein zu dürfen, habe ich den Haushalt mit Hilfe meines Vaters und unserer Putzfrau geführt. Ich bin dadurch zur Mutter meiner Mutter geworden. Dass ein Kind die Stellung eines Elternteils in der Familie hat, stellt die Verhältnisse auf den Kopf. Ich jedenfalls war überfordert.

Auch wenn ich aussah wie ein Kind, habe ich mich doch nicht wie ein Kind gefühlt. Viel schlimmer finde ich es im Nachhinein jedoch, dass ich meine Unbeschwertheit verloren habe, dass ich nicht die Zeit hatte, mich auszuprobieren – ohne Verantwortung tragen zu müssen. Diese Zeit habe ich erst mit Anfang dreißig – nach dem Tod meiner Mutter – nachholen können.

Andere Kinder können mit ihren Eltern all die kleinen und großen Probleme besprechen, die man als Kind so hat. Sie lernen, wie sie diese lösen können und müssen sich nicht selbst etwas ausdenken. Ihr Leben ist um einiges leichter. Auch, was andere Kinder machen, beispielsweise spielen, Sport treiben, war für mich nicht nur aus Zeitgründen eingeschränkt möglich. Wollte ich Sport machen, musste ich mir einen Verein suchen, der fußläufig oder mit dem Fahrrad zu erreichen war, weil mich niemand bringen konnte.

Im ersten Schuljahr bekam ich mit, dass andere Kinder Musikunterricht bekamen. Ich wollte das auch haben. Das bedeutete, dass ich mich selbst bei der Musikschule anmelden und mir selbst ein Instrument kaufen musste. Alles, was ich wollte, musste ich mir immer selbst holen, weil es sonst niemand für mich tat. Der Vorteil dabei war, dass ich sehr früh sehr selbstständig wurde.

Dadurch, dass die Erkrankung meiner Mutter verschwiegen wurde, bekam die Familie keinerlei Hilfen. Dabei wäre professionelle Hilfe dringend nötig gewesen, sei es bei der Haushaltsführung, sei es therapeutische Hilfe für meinen Vater oder uns Kinder. Doch alles hängt davon ab, ob die Familie bereit ist, sich Hilfe zu holen. Es hängt nicht vom Bildungsstand oder der sozialen Schicht ab, aus der jemand stammt. Viel wichtiger sind Persönlichkeitsfaktoren: Kann sich jemand gegenüber anderen Menschen öffnen, hat er Vertrauen in seine Mitmenschen, wird jemand überhaupt aktiv – das ist entscheidend.

Auch von Verwandten kam wenig Unterstützung. Im Gegenteil: Teilweise wurde die Verantwortung für meine Mutter auf uns Kinder abgeschoben. Von einer meiner Tanten habe ich als Sechzehnjährige gehört, »ich müsse jetzt stark sein, mein Vater bräuchte mich«. Als wenig hilfreich erwiesen sich auch Ratschläge, wie dieses oder jenes im Umgang mit meiner Mutter besser zu machen wäre. Sie entbehrten jeder Sachkenntnis, führten aber dazu, dass ich mich unter Druck gesetzt fühlte.

Mein Vater hat es nach dem einzigen Klinikaufenthalt meiner Mutter im Jahr 1970 nicht übers Herz gebracht, sie noch einmal in in die Psychiatrie zu bringen. Die Zustände damals müssen katastrophal gewesen sein. Es gab 30-Betten-Schlafsäale usw. Ein Krankenhausaufenthalt kann jedoch hilfreich sein. Die Entscheidung dagegen hat zumindest unser Familienleben stark beeinträchtigt. Ich wurde zu einem stillen, zurückgezogenen, schüchternen Kind, war in keiner Weise auffällig. Leider.

Mein Bruder war klüger als ich. Er reagierte mit Aggressionen, schlug sich mit anderen, legte sich mit Lehrern an. Man wurde auf ihn aufmerksam. Das hatte zur Folge, dass er in ein Internat kam, weg von zu Hause. Dort wäre ich auch gern gewesen.

Wiebke Scherber, 40 Jahre

Die Depression ist eine Dame in Schwarz

Frau P., 39, von Beruf Lehrerin, im Gespräch mit Beate Lisofsky. Sie ist mit einer depressiv erkrankten Mutter aufgewachsen und hat selbst einige depressive Episoden erlebt.

Kindheit in der Erinnerung, wie fühlt sich das für Sie an?

Ich habe vor allem eine freudlose Mutter erlebt. Ich habe es nicht verstanden, dass so gar keine Freude da war. Nicht nur bei meiner Mutter; ich habe auch das Elternhaus so empfunden, da war so eine Schwere. Das Sich-Mitfreuen habe ich überhaupt nicht erlebt und das natürlich auch meiner Mutter angelastet. Heute weiß ich, dass es an ihrer Krankheit lag. Damit im Zusammenhang standen ganz viele Schuldgefühle auf der einen Seite und andererseits eine Überbehütung, die jegliche kindliche Impulsivität von vornherein gestoppt hat beziehungsweise negativ bewertet und »rationiert« hat.

Haben Sie ein Beispiel dafür?

Meine Mutter war 35 Jahre alt, als ich zur Welt kam. Ich habe eine fünfeinhalb Jahre ältere Schwester, die sehr ruhig war. Und ich war ungemein lebhaft, ein richtiger »Zappelphilipp«. So wie meine Mutter und meine Eltern immer sagten, bin ich als »schrecklich« lebhaftes Kind auf die Welt gekommen, und das ist dann auch so geblieben. Es gab Situationen, dass ich am Bett festgebunden wurde, weil ich mich immer bewegen wollte. Dieser Bewegungsdrang war wohl einfach viel zu viel. Meine Mutter empfand sich als alt. Ich bin heute selbst 39, ich empfinde mich nicht als zu alt, bin aber einfach von einer anderen Generation. Ja, ich nehme an, dass sie diesem Bewegungsdrang, dass sie einem solchen kleinen Kind einfach überhaupt nicht gewachsen war. Sie war immer nur dabei, mich einzuschränken, von allen Ideen abzuhalten und, ja, Unheil zu verhüten. Ich war unwahrscheinlich neugierig, wollte alles wissen, wollte ganz viel reden. Als kleines Kind, bis etwa zehn Jahre, war ich schon, wie man sagte, der Sonnenschein der Familie. Ich habe Leben hineingebracht.

Ihre Mutter erkrankte, bevor Sie auf die Welt kamen?

Genau. Wie ich mittlerweile weiß, hat meine Mutter vom vierten Schwangerschaftsmonat bis zur Geburt Contergan genommen. Das Medikament ist damals vom Hausarzt gegen Schlafstörungen verschrieben worden. Von daher nehme ich an, dass sie auch vor meiner Geburt »nervös« war. Sie war empfindlich, reizbar, schwermütig.

Meine Mutter war durch die Kriegszeit wohl daran gehindert worden, wie sie sagte, eine höhere Schule zu besuchen. Sie hat sich immer zurückgesetzt gefühlt. Es ist so, dass meine Eltern einen Sanitärbetrieb gehabt haben, das war ein Familienbetrieb, den mein Vater zusammen mit seinem Bruder führte. Die beiden haben den Betrieb wiederum von ihrem Vater geerbt. Das Ganze fiel komplett in die Nachkriegszeit; mein Vater war lange Jahre in Kriegsgefangenschaft, musste dann noch ein Jahr in eine Lungenheilanstalt. Als er zurückkam, musste er den Betrieb übernehmen. Meine Mutter hatte eine kaufmännische Ausbildung und hat teilweise im Büro mitgeholfen.

War die Krankheit Ihrer Mutter ein Thema in der Familie?

Ja, schon. Meine Mutter ist zwei- oder dreimal in der psychosomatischen Klinik gewesen für ca. zwei, drei Monate. Das war einmal, bevor ich zehn war, dann, als ich 16 Jahre alt war. Da habe ich mit meiner Schwester oder später allein den Haushalt und den Vater versorgt. Das weiß ich noch, weil ich nach Meinung meiner Mutter angeblich sowieso nicht kochen konnte. Früher hat meine Mutter häufiger Depressionen gehabt, mittlerweile ist sie ja nun 75, und ich finde, dass sie es bewundernswert gut in den Griff bekommen hat. Sie zwingt sich dann auch dazu, Sport zu machen oder Osteoporose-Training. Ich finde das toll, dass sie es ein Stück weit annimmt und auch gelernt hat, damit umzugehen.

Sie haben eine Schwester und einen Vater, der auch »existent« war. War die Familienkonstellation stabil trotz der Erkrankung der Mutter?

Die Ehe meiner Eltern war sehr belastet durch die Depression meiner Mutter. Mein Vater hat zeitweise getrunken. Wenn irgendetwas war, blieb er einfach weg, und ich wurde dann losgeschickt, um meinen Vater irgendwo zu holen. Das war dann höchst dramatisch. Ich konnte das ja als Kind nicht irgendwelchen Phasen zuordnen. Ich nehme an – oder ich weiß es vielmehr, auch wenn es nicht ausgesprochen wurde –, dass meine Mutter mit Tabletten mindestens einen Suizidversuch gemacht hat. Ich erinnere mich, dass sie dann am nächsten Tag nicht aufgestanden ist und die Rollläden geschlossen waren. Als ich fragte: »Was ist los?«, hörte ich: »Das verstehst du nicht, und da will ich auch nicht drüber reden!«

Oft gab es Krach und Streit zu Hause. Ich hab mich eigentlich immer dafür verantwortlich gefühlt, die Ehe meiner Eltern zu retten. Ich war mir ganz sicher, dass ich für den Familienfrieden Verantwortung trug. Ich bin immer von einem zum andern gerannt und habe versucht zu vermitteln. Ich war dann auch ganz zufrieden und stolz, wenn ich da wieder etwas in die Gänge gebracht habe. Wenn es zwischen meinen Eltern Streit gab, dann bin ich aufgestanden und hab hinter der Schlafzimmertüre gebibbert. Meine Schwester wohnte unterm Dach, und sie hat sich halt abgekapselt.

Es war also nicht so, dass Sie und Ihre Schwester ein Team waren?

Nein, überhaupt nicht. Ich kann mich im Rückblick auf die Kindheit an meine Schwester kaum erinnern. Sie ist ja auch schon ausgezogen, als ich 13 war. Auch vorher war zum einen der Altersunterschied groß, und zweitens waren wir so grundverschieden, dass wir überhaupt nichts miteinander anzufangen wussten. Meine Schwester hat sich eben eingeigelt, sie ist heute noch sehr empfindsam.

Hat Schuld in den Familienbeziehungen eine große Rolle gespielt? Inwiefern – für Sie als Kind?

Ja, Schuld war schon sehr wichtig, die Frage, wer schuld war. Meine Mutter gab mir das Gefühl, dass ich eigentlich an allem schuld bin. Ebenso meinem Vater und meiner Schwester. Sie spielte die verschiedenen Familienmitglieder gegeneinander aus. Sie sagte mir dann auch: »Deine Schwester ist viel lieber«, meiner Schwester dann aber: »Deine kleine Schwester kümmert sich mehr um mich.« Aber das Wichtigste war, dass sie sagte: »Wenn du jetzt nicht putzt oder das und das nicht machst, dann hab ich dich nicht mehr lieb.«

So eine Art emotionale Erpressung!?

Ja, genau so. Ich hatte nicht das Gefühl, dass meine Mutter mir etwas geben konnte, sondern dass sie sich an mich als kleines Mädchen klammerte. Das meine ich nicht im Sinne einer Umarmung, sondern indem sie sich an mich klammerte und forderte: »Sag mir, dass du mich lieb hast!« Sie konnte keine Geborgenheit vermitteln. Im Nachhinein sehe ich es so, dass sie unwahrscheinlich bedürftig war. Sie fand in ihrer Ehe keinen Rückhalt, ich musste also emotional etwas ausgleichen, was mein Vater ihr nicht geben konnte.

Was haben Sie damals als entlastend empfunden?

Also erst einmal hatte ich ganz viele Puppen, die wurden behandelt – besser könnte man noch nicht einmal seine Kinder behandeln. Dann hatte ich über die Jahre verschiedene Hamster, die habe ich trainiert und die wurden dann mit allen Ehren beerdigt, wenn sie starben. Seit ich zehn war, hatte ich immer »engste« Freundinnen, alle aus kinderreichen Arbeiterfamilien. Da habe ich mit Vorliebe übernachtet, und ich habe es immer richtig genossen. Wenn einer frech war, gab's einen »hinter die Löffel«, und dann war es damit auch gut, und alles war vergeben und vergessen. Das habe ich bei uns zu Hause sehr vermisst.

Meinen Sie denn, dass diese, wie Sie sagten, freudlose Atmosphäre im Elternhaus Ihre Entwicklung beeinflusst hat?
Ich hatte von klein an sogenannte Organstörungen und sehr starke Schmerzen im Bauchbereich. Ich habe wohl damals schon somatisch reagiert. Da gibt es auch noch einen Bericht, angeblich sei meine Schwester bevorzugt worden, dass es also eine Eifersuchtsproblematik gab. Meine Eltern seien sich im Erziehungsstil nicht einig gewesen. Ihnen ist dann auch eine Familienberatung angeraten worden. Dazu ist es aber nie gekommen. Mit sechs Jahren war ich bei einem Psychologen. Da habe ich meine Mutter als Hexe gemalt, die einem kleinen Mädchen mit dem Besen hinterherläuft. Da war meine Mutter wohl sehr schockiert drüber.
Ich wollte etwas erleben, wollte immer ausbrechen. Ich war nicht so wie meine Schwester, die ja still und heimlich ihren Weg gegangen ist. Aber gleichzeitig wollte ich wohl auch stets die Erlaubnis und Zustimmung bekommen, ich jammerte und quälte. Meine Mutter war aber immer »am Deckeln«.
Meinen Sie, dass dies Ihre Berufswahl beeinflusst hat?
Ich wollte immer Psychologin werden. Das war mir mit spätestens zwölf Jahren klar. Ich hatte immer vermittelt zwischen meinen Eltern, war schon damals Scheidungsratgeber. Ich wollte eben meine Eltern retten und den Rest der Welt wohl auch. Mein Vater sagte aber stets: »Die Psychologen haben ein Rad ab.« Ich sollte eher heiraten und Kinder kriegen. Das wollte ich ja auch – heiraten und drei Kinder!
In einem Kinderheim im Sauerland habe ich ein halbes Jahr Praktikum gemacht; da tauchte für mich die Idee auf, ob ich nicht Sonderpädagogik studieren könnte. Ins Lehramt bin ich dann eher reingerutscht.

Hat Ihnen die Frage, ob die Krankheit Ihrer Mutter vielleicht erblich sein könnte, Probleme bereitet?

Damals nicht. Mit der Frage habe ich mich früher nie beschäftigt, weil ich als Jugendliche zwar häufig traurig war und weinte, mich aber nicht als depressiv empfand. Zudem war mein oberstes Ziel, nicht so eng und freudlos wie meine Mutter zu werden. Heute ist es natürlich ein Thema für mich. Der Leistungsaspekt und gute Noten spielten in der Kindheit für mich eine große Rolle. Gute Noten waren die Sicherheit für Liebe und Anerkennung. Auf die Idee, dass ich auch ohne Leistung als Mensch einen Wert haben könnte, bin ich nicht gekommen. So stand ich auch während des Studiums ungemein unter Druck und innerer Anspannung. Neben dem äußeren Erfolg war die innerliche Angst vor Versagen immer gegenwärtig. Als ich dann vor fünf Jahren an eine Schule mit leistungsbezogenem Anspruchsniveau kam, geriet ich immer mehr unter Leistungsdruck angesichts eines »multiprofessionellen« Teams. Nach einem knappen Jahr begann meine erste depressive Episode, zunächst noch nicht als solche erkannt, die mich in der Schule immer mehr ins Abseits und durch längere Krankheit in die Rolle der »Versagerin« und des schwarzen Schafes brachten. Im Laufe der vergangenen Jahre wurde ich immer verzweifelter und perspektivloser. Meine Rolle verfestigte sich immer mehr und ich sah keinen Ausweg.

Vor einiger Zeit entwickelte sich dann durch die gemeinsame Unterstützung des Schulleiters und der Schulrätin eine neue Perspektive. Demnächst beginne ich an einer Schule zu arbeiten, die – wie ich hoffe – emotional offener ist. Durch die vielen Gespräche in Zusammenhang mit dem Schulwechsel ist mir klar geworden, wie wichtig es für mich ist, heute offener und offensiver mit meiner Depression umzugehen. An meiner zukünftigen Schule habe ich bereits im Vorfeld einige klärende Gespräche geführt. Ich glaube, dass ich deshalb dort angstfreier beginnen kann. Ich möchte nicht länger aus meinem Leiden ein Geheimnis machen und mich dafür schämen müssen. Mittlerweile sehe ich es mehr und mehr als Herausforderung, mehr Vertrauen in das Geschehen zu entwickeln und die ganze Palette meiner Gefühle anzunehmen.

Ein eindrucksvolles Bild dafür ist für mich folgender Satz: »Die Depression ist wie eine Dame in Schwarz. Wenn sie an deine Tür klopft, schick sie nicht fort, sondern frage sie, was sie dir zu sagen hat.«
A. P.

▃ Die einzige Vertraute

Es ist so weit. Endlich ist die Zeit gekommen, wo ich den Mut verspüre, mich anderen Menschen mitzuteilen. Es hat lange gedauert, fast zu lange, aber es ist besser jetzt als nie, sich zu öffnen und Hilfe zu suchen.

Das, was ich zu lange in mir verschlossen gehalten habe, ist, dass meine Mutter seit ihrem 19. Lebensjahr psychisch krank ist. Die Diagnose der Ärzte: endogene Depressionen mit einer im Vordergrund stehenden Angstneurose, begleitet von Zwangssymptomen.

Heute ist meine Mutter 54, ich bin 26. Ich hatte nie das Glück wie andere Kinder, meine Mutter gesund erleben zu dürfen. Ich kenne sie nur krank. Ich kann mich noch genau an mein fünftes Lebensjahr erinnern, wo ich das erste Mal merkte, dass etwas nicht stimmte. Man kann nicht davon sprechen, dass ich begriff – wie kann ein fünfjähriges Kind das auch tun –, aber mir wurde bewusst, dass meine Mutter anders war als die Mütter meiner Freundinnen. Dieses »Anderssein« äußerte sich in massiven Stimmungsschwankungen. Es gab Zeiten, wo es meiner Mutter gut ging, wo sie glücklich und zufrieden erschien, wo sie antriebsstark war, motiviert, Dinge zu unternehmen, sich zu beschäftigen und in die Zukunft zu sehen, Zeiten, wo sie lachen konnte, bis ihr die Tränen kamen und sie sich den Bauch halten musste. In dieser Zeit schien ich für sie – natürlich nach ihr selbst, wie sie immer sagte – das Wichtigste im Leben zu sein. Ich hatte oft den Eindruck, als ob sie mich dann mit ihrer ganzen Liebe überschütten wolle, um gutzumachen, was sie mir antat, wenn es ihr schlecht ging.

Man kann sicherlich nicht von »antun« sprechen – oder vielleicht doch? Sie war krank, und das ist sie immer noch. Meine Mutter hat während ihrer ganzen Krankheit versucht, sich an mich zu klammern, sie hatte ja sonst niemanden. Mein Vater, ein Tyrann, der nur für sein Haus und seine Arbeit lebte, hatte für so etwas nichts über. So war ich, als einziges Kind, ihre einzige Vertraute, wenn es ihr schlecht ging.

Sie hat niemals über ihre Krankheit geredet. Heute weiß ich, dass sie es nicht konnte, es wäre zu belastend für sie gewesen. Ich war der stille Beobachter, sah meine Mutter, wie es ihr schlecht ging. Mir kam es so vor, als ob irgendetwas sie gefangen hielt in einem Käfig und nicht wieder hergeben wollte. Meine Mutter schien in sich gekehrt, ihr Gesicht war traurig, ihre Augen waren glanzlos und lagen tief in den Höhlen, sie wirkte eingefangen und kraftlos. Sie klagte über Magenprobleme, Appetitlosigkeit und sie war sehr ruhig und sagte, dass sie sich zurückziehen wolle, wie ein Tier, dem es schlecht geht und das sich verkriechen will. In solchen »schlechten« Zeiten, wie ich sie damals nannte, schien ich für meine Mutter Luft geworden zu sein. Sie gab mir das Gefühl, mich nur begrenzt wahrzunehmen und unwichtig zu sein. Das Einzige, wofür ich wichtig zu sein schien, waren die Bestätigungen, die ich ihr geben musste, wie: »Du darfst nie Angst haben, nein nie, am besten erst gar keine Angst aufkommen lassen.« Nach diesem Muster gab es unzählige weitere Bestätigungen. Ich weiß nicht, wie viel davon ich ihr in meinem Leben schon gegeben habe, ich konnte und kann sie nicht zählen, es sind Tausende.

Ich habe damals nicht verstanden, wie ein Mensch sich so schnell verändern kann, manchmal von Stunde zu Stunde.

Ich durfte, wenn es ihr schlecht ging, keine Freunde mit nach Hause bringen; ich hatte mich alleine zu beschäftigen oder mich mit den wenigen Freunden, die ich hatte, draußen, außerhalb ihrer Nähe, zu verabreden. Wenn ich im Haus war, musste ich Rücksicht nehmen und ganz besonders leise sein. Ich fand für nichts Erklärungen, ich fühlte mich nicht wirklich geliebt, fühlte mich missbraucht von ihrer Krankheit und fühlte mich schuldig, nichts dagegen tun zu können, wenn es ihr schlecht ging. Ich hatte den Verdacht, dass sie mich mit ihrer Krankheit bestrafen wollte, dass sie mir mit einer »schlechten Zeit« zeigen wolle, dass ich böse war und ihr nicht gehorchte, wenn ich doch einmal eine Freundin mit nach Hause brachte. Manchmal war ich so wütend, dass ich, wenn es ihr gut ging, extra schwierig und gemein zu ihr war, irgendetwas Böses zu ihr sagte, um sie zu verletzen. Ich bemerkte, dass ich meine Mutter damit traf, und ich empfand mich als ekelhaft, boshaft und schlecht, weil ich sie doch eigentlich so liebte. Warum konnte ich so etwas tun?

Heute weiß ich, dass ich damit demonstrieren wollte: »Hallo, halt, ich bin auch noch da! Hab mich lieb um meiner selbst willen, nutze mich nicht aus für deine Bestätigungen, und beschneide mich nicht um meine Freiheit, die ich doch so brauche. Ich leide, Mama, und deine Krankheit belastet mich so sehr.« Ich glaube, das war der Zeitpunkt, wo sich die Liebe für meine Mutter in eine Art Hassliebe verwandelt hat. Ich fühlte mich gefangen, ich konnte meine eigenen Bedürfnisse nicht wahrnehmen. Ich konnte nicht verstehen, warum meine Mutter mir so etwas antat.

Natürlich wurde mein Hilferuf missdeutet; ich wurde als schwieriges, unerzogenes, problematisches Kind dargestellt und von meiner Mutter mit Vorwürfen überschüttet. Das führte dazu, dass ich mich noch schlechter fühlte als ohnehin, und alles endete schließlich in Selbstvorwürfen. Ich sagte mir: »Deine Mutter hat recht, Mütter haben immer recht, ich bin schwer erziehbar und problematisch, wie kann ich mich dem Verbot widersetzen und Freundinnen mit nach Hause bringen, wo es meiner Mutter doch so schlecht geht? Wie können mir die Bestätigungen, die meiner Mutter so guttun, zur Last fallen? Wie können mich diese Sätze so quälen, wenn es meiner Mutter durch die Bestätigungen doch besser geht?« Ich dachte mir, im Grunde willst du doch gar nicht, dass es deiner Mutter besser geht, sonst würdest du das gerne aushalten. Ich hatte damals keine Antwort auf meine Fragen. Ich fand auch keine, als ich älter wurde, sooft meine Gedanken auch um dieses Thema kreisten.

Als der Zustand meiner Mutter sich so sehr verschlechterte, dass sie förmlich zusammenbrach, nicht mehr leben wollte, mit mir darüber sprach, sich umzubringen oder in einen Sterbehilfeverein in den Niederlanden einzutreten, begann die Zeit der Psychiatrieaufenthalte. Regelmäßig, jedes Jahr, ging meine Mutter in die Klinik. Ich gab mir die Schuld daran, dass es dazu kam, ich fühlte mich schuldig, sie nicht länger und besser umsorgt zu haben, wozu man doch eigentlich als Tochter die Pflicht hat. Ich habe besonders in diesen Zeiten versucht, meiner Mutter beizustehen, ihr eine Stütze zu sein. Natürlich habe ich durch Besuche und Telefonate versucht, alles wieder gutzumachen, mich zu rechtfertigen und zu beruhigen.

Dann begann meine Mutter Fortschritte zu machen, sie hatte in der Klinik Vertrauen zu einem Psychotherapeuten gefasst und empfand die regelmäßigen Therapiegespräche als gute Unterstützung zur Besserung ihres Zustands. In dieser Zeit ging es mir gut, jedoch war dieses Gefühl permanent überschattet von der Angst, meine Mutter würde wieder in dieses schwarze, dunkle Loch zurückfallen, woraus sie gerade mühsam versuchte emporzuklettern. Die Augenblicke, wo es ihr gut ging, genoss ich mit ihr zusammen, es war ein wunderbares Gefühl, sie wieder aufgeblüht zu erleben und lachen zu sehen.

Dies war der Zeitpunkt, wo wir das erste Mal versuchten, über unsere Beziehung zu sprechen, wo meine Mutter die Kraft hatte, über ihre Krankheit zu reden. Sie versuchte zu beschreiben, was in ihr vorging. Dass es für sie schwer ist, sich zu öffnen, aus Angst, verletzt zu werden, und dass irgendjemand die Mauer, die sie sich um ihr wundes Innere gebaut hatte, zum Einsturz bringen könne. Sie erzählte mir viel über ihre Kindheit, über Erlebnisse und Ursachen, die zu ihrer Krankheit führten.

Mit der Zeit begann ich, sie besser zu verstehen, genauso, wie sie mich besser verstand. Ich hätte nie gedacht, dass ihr bewusst war, wie sehr ich unter ihrer Krankheit litt und heute noch leide. Ich weiß, dass dieses Gespräch damals den Grundstein legte für eine offenere, verständnis- und liebevollere Umgehensweise. Ich weiß, dass sie mich um meiner selbst willen liebt, und ich liebe sie. Kann ich sie wirklich für irgendetwas verantwortlich machen? Heute sind wir so weit, dass wir über die psychische Erkrankung meiner Mutter offen reden können; akzeptieren werden wir sie nie. Die Ärzte sagen, man könne sie nie heilen, man könne nur versuchen, gutes Befinden zu stabilisieren, und nach Möglichkeiten suchen, Unterstützung in Krisensituationen zu organisieren, um durch sich selbst oder mit professioneller Hilfe aus der Krise wieder herauszufinden. Man muss einen Weg finden, damit zu leben – was bleibt uns anderes übrig!

Mir fällt es sehr schwer, den normalen Abnabelungsprozess durchzumachen; ich weiß nicht, ob ich jemals dazu fähig sein werde. Ich hoffe es. Das, was wir erlebt haben, hat uns manchmal zu einer Person werden lassen: Mir geht es schlecht, wenn es dir schlecht geht, und gut, wenn es dir gut geht. Meine Mutter hat heute noch das Gefühl, an mir gutmachen zu müssen. Trotz ihrer Krankheit steht sie mir bei Problemen tatkräftig zur Seite. Obwohl es für sie sehr schwer ist, versucht sie, den Abnabelungsprozess zu unterstützen. Der größte Liebesbeweis ist jedoch, dass sie mittlerweile sagt, ich müsse mich vor ihrer Krankheit schützen, und dass sie versucht, mich vollends aus ihrer Erkrankung herauszuhalten.

Silke Bathe, 26

Weit weg vom Schuss

Frau S., inzwischen Rentnerin, hat eine psychisch kranke Tochter und zwei Enkelkinder im Alter von drei und sechs Jahren.

Die Psychose ist nach der Geburt unseres ersten Enkelkindes aufgetreten. Da lebte unsere Tochter schon nicht mehr bei uns. Aus heutiger Sicht wissen wir, dass es sich schon in der Entbindungsklinik bemerkbar gemacht hat. Meine Tochter und ihr Mann waren auf dem Wege zu den Schwiegereltern. Obwohl der Kleine gerade gestillt worden war, hatte er sich nicht beruhigt, sodass Susanne sagte: »Halt an, der Kleine muss zu essen haben.« Dies wiederholte sie innerhalb kurzer Zeit immer wieder. Der Schwiegersohn ist Krankenpfleger und sagte sich, dass da irgendetwas nicht stimmt. Er fuhr die nächste Raststätte an, um einen Krankenwagen kommen zu lassen, und hat uns gleichzeitig angerufen.

Als wir zum Krankenhaus kamen, war die Tochter bereits nicht mehr da. Sie war nach Andernach in die Psychiatrie gebracht worden. Wir sind dorthin gefahren, und sie hat so geschrien, dass ich diesen Schrei wohl mein Leben lang nicht vergessen werde. Der Arzt hat uns nur gesagt, dass sich das im Normalfall nach drei bis vier Tagen legt, wir sollten uns nicht so große Sorgen machen. Sie ist verhältnismäßig schnell aus der Andernacher Klinik herausgekommen und danach medikamentös behandelt worden.

Aber aus unserer heutigen Sicht wären auch zum damaligen Zeitpunkt bereits Gespräche notwendig gewesen. Das hat aber alles nicht stattgefunden.

Die Familie ist dann in die Nähe der Eltern unseres Schwiegersohnes gezogen. Man glaubte, es sei alles in Ordnung. Dort bekam sie im September einen Rückfall, sollte in die psychiatrische Klinik. Die Schwiegermutter meinte, sie könne bei ihnen bleiben, es sei ja immer jemand da, sodass nichts passieren könne. Man hat versucht, mit der Krankheit zu leben. Ich habe gefragt, wie es wäre, wenn sie wieder arbeiten ginge. Das hat Susanne dann auch in Angriff genommen. Von der Psychose war kaum noch etwas zu merken, sodass sie sich für ein zweites Kind entschieden hat. Während der Gynäkologe von einer weiteren Schwangerschaft abriet, meinte die Nervenärztin: »Ein Rückfall kann zwar auftreten, muss aber nicht sein. Und wenn, dann wissen Sie ja, wie Sie sich zu verhalten haben.« Die zweite Schwangerschaft stand also an. Mir schien es so, als ob diese Zeit ganz anders war als beim ersten Kind. Sie hat alles positiver gesehen. Dazu sagt sie jedoch heute: »Ich habe euch etwas vorgespielt.« Eigentlich wollte sie gar keine Kinder. Sie hat nur ihrem Mann zuliebe die Kinder bekommen. Die Schwangerschaft verlief normal. Nach der Entbindung hat sie mit mir telefoniert: »Mama, Mama, ich hab so Heimweh. Ich hab auch Heimweh nach Matthias.« Matthias ist das erste Kind. »Mama, kommst du denn dann?« – »Ja, sobald du zu Hause bist, setze ich mich in Bewegung und komme zu dir!« Nach ein paar Tagen hatte ich den Eindruck, dass mit meiner Tochter etwas nicht in Ordnung ist. Am Sonntagnachmittag eskalierte die Situation derart, dass mein Schwiegersohn uns bat, das Haus zu verlassen. Meine Tochter wollte mich nicht mehr sehen.

Heute wissen wir ja, warum. Aber für mich brach damals eine Welt zusammen. Ich habe geheult, habe auch meine Meinung dazu gesagt, aber im Endeffekt das Haus fluchtartig verlassen. Der älteste Enkel fragte: »Warum weint die Oma so?«

Lange Zeit hörten wir dann so gut wie nichts, weil man mich ja für die Schuldige hielt. Mitte Juni sollte sie wieder anfangen zu arbeiten. Ein reiner Zufall brachte uns dazu, beim Schwiegersohn anzurufen. Mein Mann fragte: »Wie bekommt der Susanne die Arbeit?« Die Antwort: »Die Susanne ist in der Psychiatrie.« Er hatte es nicht für nötig befunden, uns davon zu unterrichten. Das war für uns noch einmal ein Bruch. Ich hatte ohnehin schon das Gefühl, der Schwiegersohn wollte möglichst wenig Kontakt mit uns haben, vielleicht sogar überhaupt keinen mehr. Die Tochter hat sehr unter Heimweh gelitten und leidet auch heute darunter. Sie wird es nie äußern. Sie hat Angst, die Liebe ihres Mannes zu verlieren.

Zu Weihnachten kam sie nach Hause. Mein Schwiegersohn telefonierte mit mir: »Ich glaube, es ist ein Wunder geschehen. Susanne macht alles so wie früher, als wäre nie etwas gewesen.« Das war die große Euphorie; über Silvester setzte der große Rückfall ein. Danach blieb sie in der Klinik, bis der Schwiegersohn gesagt hat: »Hier tut sich eh nichts.« Es geht so recht und schlecht. Ich selbst habe eingesehen, dass ich lernen muss, mit der Krankheit unserer Tochter umzugehen. Sie wird nie wieder so, wie sie war. Sie hat früher große Diskussionen geführt, hat gelesen. All das ist weg. Ich habe das Gefühl, sie wird gelebt. Auch ihr äußeres Erscheinungsbild hat sich verändert durch die Medikamente. Sie ist sehr korpulent geworden. Mein Mann und ich versuchen, so viel wie möglich über die Krankheit zu erfahren. Im Familienkreis meiner Tochter passiert in dieser Richtung nichts. Da haben wir nach wie vor das Gefühl, man wartet auf ein Wunder.

Mir machen die beiden Kinder Sorge. Der Älteste hat mit Gewissheit schon einiges von der Krankheit mitbekommen und sicherlich auch bereits darunter gelitten. Im Nachhinein fällt mir auf, so richtig Kind sein wie der kleinere Dreijährige – das hat der Große eigentlich nie richtig gekonnt. Als er in dem Alter war, in dem Kinder sich so richtig von ihrer sonnigen Seite zeigen – alles ist, wie sie sagen, super und das hab ich wieder gelernt und jenes kann ich schon – all das ist bei ihm untergegangen. Es war einfach keine Zeit da, weil die Mutter so krank war. Man musste sich außerdem um das Baby kümmern. Wie wird es sein, wenn Matthias so weit ist, dass er vielleicht einmal fragt, warum seine Mutter so ist, wenn er in andere Familien geht und feststellt, wie die Mütter dort funktionieren?

Um die Erziehung der Kinder kümmert sich der Mann, zwangsläufig natürlich. Er hat es auch nicht leicht. Das Emotionale, was sich zwischen Ehepartnern abspielt, das gibt es nicht. Ich wünschte mir eigentlich, dass die Tochter wieder so richtig lachen und weinen kann. Susanne kommt mit den Kindern so weit ganz gut zurecht, speziell, wenn ihr Mann nicht da ist. Aber wenn der Papa da ist, dann hören die Kinder eigentlich nur auf ihn. Wie das jetzt weitergehen wird, das ist die große Frage. Davor hat sie auch Angst. Die Kinder entwickeln sich schon normal. Es sind keine Auffälligkeiten vorhanden. Aus meiner Sicht stellt mein Schwiegersohn zu große Ansprüche; er ist sehr traurig darüber, dass Matthias sich nicht von sich aus beschäftigt, dass er vorwiegend vor der »Flimmerkiste« sitzt. Immer nur guckt, was andere machen. Aber wenn man ihm irgendetwas zeigt, weiß er sofort Bescheid. Er hat auch unwahrscheinlich viel gelernt.

Eine große Rolle spielen natürlich auch die anderen Großeltern. Sie wohnen ja ganz in der Nähe. Es vergeht wohl kein Tag, an dem man nicht, wenn man sich schon nicht sieht, wenigstens miteinander telefoniert. Bei uns ist es schon viel, wenn einmal in der Woche telefoniert wird. Das geht dann aber meistens von uns aus. Ich hoffe sehr, dass Matthias, sobald er in die Schule geht, in den Ferien einmal zu uns kommen kann. Vielleicht fragt er dann von sich aus, warum seine Mutter so und nicht anders ist. Man kann ihn ja auch bewusst ein bisschen lenken, sodass er etwas erfahren möchte. Es gibt eine Menge Möglichkeiten, genügend Literatur, wie man mit den Kindern reden kann, dass sie für diese Problematik offen werden. So offen, dass er darüber spricht. Da ist bis jetzt überhaupt nichts passiert. Es ging immer nur darum, dass Mama krank ist.

Ich erinnere mich, dass der Schwiegersohn einmal gesagt hat, er wundere sich, dass Matthias sich so verhält, als ob gar nichts wäre. Obwohl man auch rein äußerlich der Mutter die Krankheit ansieht – so dieses Gleichgültigsein. Wir sind weit weg. Wir können nichts machen. Häufig werden wir gefragt: »Mensch, warum holst du deine Tochter denn nicht hierher?« Und dann sagte mir die Leiterin unserer Angehörigengruppe: »Um Himmels willen. Nachher macht man dir Vorwürfe, wenn die Ehe kaputtgegangen ist. Das willst du doch auch nicht auf deine Kappe nehmen.« Wenn sie in ihrem Bereich glücklich und zufrieden ist, dann ist das in Ordnung.

Ich möchte und hoffe sehr, dass sich die Möglichkeit findet, mit einem oder beiden Kindern darüber zu reden. Denn der Kontakt ist da, die ganze Familie war in den Osterferien hier. Und da ist mir aufgefallen, dass Matthias häufiger einmal die Mutter anspricht als vorher. Unterschiede zwischen den Geschwistern gibt es in dem Sinne, weil der Kleine es ja gar nicht anders erfahren hat. Als die Mutter in die Klinik kam, war er zwei Monate alt. Der Große hat mit, ich möchte sagen, hundert-

prozentiger Sicherheit schon einigen Schaden genommen. Weil die Mama krank ist und dort bei ihnen psychische Krankheiten ein absolutes Tabu sind. Da wird nicht drüber gesprochen. Es heißt einfach: »Ein Nervenzusammenbruch...«, und dabei bleibt es dann auch. Wie es weitergehen soll, keine Ahnung.
C. S.

■ Familienbande

Familie H. hat sich gemeinsam Gedanken gemacht über die Auswirkungen psychischer Krisen im Alltag, eigene Stärken und familiäre Ressourcen. Der Text wurde 1998 für die Erstausgabe des Buches verfasst. Inzwischen ist die Mutter verstorben. Die Familie stimmt der Aufnahme ihres Textes in diese Ausgabe ausdrücklich zu.

Mutter, 52: Ich bin Psychiatrie-Erfahrene und Angehörige zugleich. Fünf Erkrankungen liegen hinter mir; erstmals erkrankte ich mit 25, zuletzt 1988, also mit 42 Jahren.

Innerhalb meiner Familie gibt es sieben psychisch kranke Menschen mit Psychiatrie-Erfahrung.

Meine Mutter hatte Depressionen, ihr längster Klinikaufenthalt dauerte ein Dreivierteljahr. Meine Mutter war erstmals kurz nach meiner Geburt in der Klinik, damals war sie 24 Jahre alt. Mir hat meine Mutter stets leidgetan. »Schuld« habe ich bei meinem Vater gesucht. Er war ein recht aufbrausender Mensch, sein Motto: »Ich dulde keinen Widerspruch!«

Unangenehm waren die »geheimnisvollen« Besuche des Hausarztes, der schnell im Schlafzimmer verschwand. Hinterher konnte man die Spuren seiner Behandlung sehen, leere Spritzen auf dem Nachttisch oder im Mülleimer. Verletzend war auch das Gefühl, dass meine Tanten wohl der Meinung waren, meine Mutter sei bloß faul und wolle nicht arbeiten. Direkt ausgesprochen hat dies niemand; zu spüren war die Einstellung aber deutlich.

Nach und nach kam ich mit den Krankheitsphasen besser zurecht, wusste auch, dass alles wieder aufhören wird. Die zusätzliche Hausarbeit war kein Vergnügen. Aber für mich war das eine Möglichkeit, meiner Mutter zu helfen (ihr eine Freude machen, dachte ich).

Härter war die Aufgabe, die mir als Älteste ebenfalls zukam, mich nebenbei noch um meine Geschwister zu kümmern. Allerdings wurde später mein kleiner Bruder von einer Nachbarin betreut.

In der Schule hatten wir alle keine Probleme.

Der Bruder meiner Mutter hat nahezu sein ganzes Leben in der Klinik Zwiefalten verbracht. Dort haben wir ihn oft besucht, und ich habe nie verstanden, warum dieser liebe Mensch hinter Gittern wohnen musste.

Was nun die restlichen fünf Verwandten mit Psychiatrie-Erfahrung angeht, so handelt es sich um meine Schwester und meinen Bruder und außerdem drei Cousins. Als sie erkrankten, war ich bereits erwachsen.

Inzwischen muss ich von acht Psychiatrie-Erfahrenen reden. Meine Schwester kam Weihnachten 1997 in die Psychiatrie, seit Ostern 1998 ist sie wieder zu Hause. Sie wurde untergebracht aufgrund einer Manie und kämpft derzeit mit der üblicherweise darauf folgenden Depression. Sie war mit 50 Jahren erstmals in der Nervenklinik! Meine Schwester hat insgesamt vier Kinder: zwei aus erster Ehe, 27 bzw. 30 Jahre alt, zwei aus der derzeitigen Ehe im Alter von 10 bzw. 14 Jahren. Die älteren Kinder wurden vom Vater großgezogen, sie leben selbstständig, auch mit räumlichem Abstand zu meiner Schwester. Während der manischen Phase haben sich beide Kinder völlig von ihr distanziert, sie konnten sie nicht mehr ertragen. Die jüngeren Kinder reagieren sehr unterschiedlich. Der zehnjährige Sohn »frisst«, wird täglich dicker, die schulischen Leistungen lassen stark nach und es kommt zu Prügeleien mit Klassenkameraden. Er ist am Wochenende, wenn meine Schwester besuchsweise zu Hause ist, sehr anhänglich und liebebedürftig, legt sich z. B. mit ihr ins Bett. Die vierzehnjährige Tochter »zieht los«, ist oft außer Haus, will von der Mutter nichts mehr wissen, verhält sich sehr distanziert.

Ich selbst erkrankte erstmals 1971. Diagnose: Erkrankung aus dem schizophrenen Formenkreis. Danach habe ich zehn Jahre gesund und ohne Medikamente gelebt, obwohl ich nach viermonatiger stationärer Behandlung als unheilbar krank entlassen wurde. 1981, 1983 und 1985 hatte ich endogene Depressionen, die jeweils sieben bis neun Monate dauerten und immer zu Hause fachärztlich ambulant behandelt wurden. 1985 entschied ich mich zur Lithium-Prophylaxe, beendete diese im März 1988 und landete erstmals in einer stark ausgeprägten Manie. Im Juli des Jahres ging ich freiwillig in die Klinik – nicht, weil ich mich »krank« fühlte, sondern zu »Studienzwecken«. Nach ca. vier Monaten wurde ich entlassen und habe die darauf folgende Depression wieder zu Hause auskuriert.

An die erste Erkrankung können sich meine beiden Kinder nicht erinnern, sie waren damals drei bzw. ein Jahr alt. Beide Kinder haben die depressiven Phasen miterlebt, also zwischen dem 11. und 17. Lebensjahr. Heute ist meine Tochter 29, mein Sohn 27 Jahre alt. Ich habe sie gebeten, mir ihre Erfahrungen aus der Zeit meiner Krankheit zu schildern.

Tochter, 29: Geholfen hat mir dein Tagebuch, das oft in der Küche lag und in dem wir auch lesen durften, konnten, sollten. Ich weiß nicht genau, wie viel ich eigentlich davon verstanden habe, und auch nicht, in welchem Jahr du dieses Tagebuch geführt hast, aber es war gut, um einen kleinen Einblick in dein Denken und Fühlen zu bekommen.

Ich glaube auch, dass es gut war, dass du nicht in der Klinik warst. Sicher war's nicht immer einfach zu Hause; aber wenn ich mir vorstelle, wir hätten dich in der Klinik besucht, so wäre der »Krankheitscharakter« noch mehr verfestigt worden. So war es eher eine »temporäre Erscheinung«, also nicht ganz so manifest.

Manchmal habe ich gedacht, ich habe mindestens zwei (nach der Manie drei) Mütter. Es ist immer noch schwierig, die so unterschiedlichen Erfahrungen mit dir irgendwie zusammenzubringen. Es war manchmal ein seltsames Gefühl, morgens in die Schule zu gehen, dich daheim alleine zu lassen, und auch wieder merkwürdig, nach Hause zu kommen. Schließlich wusste ich nie, was mich erwartet. Ob ich damals an Selbstmord gedacht habe, weiß ich nicht genau; ich denke aber, schon. Manchmal warst du in der Küche zugange und quältest dich damit ab, uns etwas zu essen zu machen. Eine Tätigkeit, die dir »normalerweise« eher leichtfiel, denke ich. Aber in den »kranken« Phasen war selbst das Schälen und Schneiden von Kartoffeln schwierig. Mir hat es manchmal leidgetan, dass du dich damit herumgequält hast, für uns etwas vorzubereiten. Wir hätten das wohl auch selbst irgendwie geschafft.

Doch genau hier wird's etwas schwierig. Ich erinnere mich, dass ich mit Papi zusammen den Haushalt mehr oder minder »geschmissen« habe. (Das sind meine Erinnerungen, wieweit sie der Realität entsprechen, weiß ich nicht.) Manchmal wusste ich nicht, ob das so richtig war. Einerseits bestand die Notwendigkeit, denn es musste gekocht und gewaschen und gebügelt werden. Andererseits hatte ich oft das Gefühl, dass dir durch unser Tun die letzte »Daseinsberechtigung« entzogen wurde. (Ich meine damit nicht, dass wir dich nur als Haushaltshilfe gesehen hätten.) Ich weiß nicht, ob du das damals auch so gesagt hast oder ob das meine Gedanken sind.

Oft wusste ich nicht, wie ich mich verhalten sollte. Jedes Verhalten konnte »falsch« sein, alles war oft unberechenbar und unvorhersehbar. Gut waren unsere Gespräche »danach«, auch wenn sie emotional teilweise sehr heftig waren. Aber vielleicht hat sich mir dadurch doch ein kleiner Einblick in dein Erleben eröffnet, der es leichter gemacht hat, ein wenig zu verstehen und danach zu handeln.

In der Schule habe ich nicht darüber gesprochen. Ich weiß auch nicht, wann und ob irgendwelche Lehrer von Papi informiert wurden über dich und die Bedingungen bei uns. Allerdings bin ich immer wieder an Gleichaltrige geraten, die ähnliche Erfahrungen hatten, sodass manchmal jemand zum Reden da war. Auch hatte ich gar nicht so sehr das Bedürfnis, »nach draußen« zu gehen, habe also weniger »die Flucht« angetreten, sondern hatte eher das Bedürfnis, das Ganze gemeinsam durchzustehen. Die Krankheitsphasen haben uns doch sehr »zusammengeschweißt«.

Ich denke wirklich, dass das Wichtigste der Familienzusammenhalt war, den es andererseits auch auszuhalten galt.

Ich glaube, dass ich sehr früh Verantwortung habe übernehmen müssen. Natürlich hatte ich manchmal das Gefühl, damit nicht fertig zu werden. Aber ich denke, dass ich es irgendwie geschafft habe, das Ganze einigermaßen zu verarbeiten und unter der Belastung nicht zu sehr zu leiden. Entscheidend war, dass bei uns Krankheit, Klinik usw. keine Tabuthemen waren, sondern dass wir viel darüber geredet haben.

Als sehr anstrengend habe ich die Zeit nach der Manie in Erinnerung. Da wollte ich – bevor ich wieder zum Studium ging – dir helfen, dich wieder an das Leben »draußen« heranzuführen. Irgendwie war da immer der Zeitdruck (Semesterbeginn) im Nacken, und vielleicht spielte auch das Gefühl eine Rolle, dass ich dir und euch helfen wollte, da ich ja die ganze Manie-Zeit über in der Ferne war und nicht viel mitbekommen hatte. Ich wollte nun meinen Teil »leisten«.

Ich erinnere mich noch, dass ich einmal deine Medikamente »verwaltet« habe, als Papi und mein Bruder beim Skifahren waren. Das war ein merkwürdiges Gefühl, für dich, meine Mutter, verantwortlich zu sein, dir die richtige Dosis zu geben. Irgendwie war das ja vielleicht auch für dich entwürdigend.

Nach der Befragung zur Familienstudie der Uniklinik Mainz 1988 machte ich mir auch Gedanken darüber, ob die Sache erblich sei. Ich dachte, ich würde nie Kinder haben wollen und können, weil ich niemandem solche Phasen »vorsätzlich« zumuten wollte. Das war dann alles schon später, da war ich ja nicht mehr »Kind«. Und noch mal, Mami: Es war sicher nicht alles so einfach für uns, aber niemals habe ich mich schuldig gefühlt, und du solltest dich auch nicht »schuldig« fühlen. Ich denke, ich bin sehr »gewachsen« an diesen Herausforderungen, vielleicht etwas früh und etwas schnell.

Sohn, 27: An die Depressionen in den 80ern habe ich eher wenige Erinnerungen, wahrscheinlich war ich doch noch zu jung. Eigentlich gab es für mich kaum greifbare Informationen oder Erklärungen zu den »Sachverhalten der Krankheit«. Im Nachhinein denke ich, ich wurde vielleicht aufgrund meines Alters etwas »rausgehalten«. So hatte ich eher eine etwas schwammige Vorstellung davon, was eigentlich los ist, was (mit dir) passierte. Ich wusste: Meiner Mutter geht's schlecht; sie kann nicht so, wie sie sonst kann. Das war einfach Tatsache – und da es kaum Vorstellungen gab, wer oder was oder wie man helfen könnte, war die Devise für den Umgang mit dieser Tatsache eher: Man kann nichts machen, muss abwarten, es geht vorbei. Und dass es irgendwie vorbeigeht, wussten und glaubten wir. Immerhin war das ja als reale Erfahrung aus vorangegangenen Depressionen – auch anderer Leute – gesichert.

Schuldgefühle hatte ich keine. Vielmehr sah ich eine Aufgabe oder eine Möglichkeit darin, dir deine Schuldgefühle oder die Gedanken von Nutzlosigkeit und Minderwertigkeit irgendwie auszureden, sie unhaltbar zu machen. Innerhalb der »Angehörigengruppe«, sprich Schwester, Papi und ich, gab es, wenn ich mich recht erinnere, eher eine geschlossene Front als interne Auseinandersetzungen und Schuldzuweisungen. Überhaupt taucht der Begriff »Schuld« für mich beim ganzen Thema überhaupt nicht auf. Mit wem ich außerhalb der Familie über deine Krankheit gesprochen habe, kann ich nur noch mutmaßen. Ziemlich sicher mit Stefan (Freund) und vielleicht mit Frau R. (Klavierlehrerin), vielleicht auch mal mit irgendjemandem in der Schule. Das weiß ich aber nicht sicher.

Die Manie 1988 war natürlich mit allerlei Überraschungen verbunden. Ich weiß noch, dass ich damals sagte: »Jeder Tag ist ein Krimi.« Da es dir ja sehr gut ging und darüber hinaus auch allerlei interessante Gedanken, Theorien, Wahrnehmungen oder kreative Handlungen zutage kamen, habe ich die Manie nach einiger Zeit mehr als – vielleicht notwendige – Lebensphase angesehen denn als »Krankheit«. Mehr nach dem Motto: Die Kinder sind langsam groß, die Rolle der Mutter wird vielleicht weniger gewichtig.

Im Vordergrund steht nun die Frage, wer oder was oder wie bist du selbst, wenn die rahmengebenden Einbindungen in verschiedene Rollen, Aufgaben, Pflichten – als Mutter, Schwester, Kind, Ehefrau, Nachbarin, Freundin, Frau, Staatsbürgerin etc. – plötzlich keine Rolle mehr spielen oder zumindest an Bedeutung und Verbindlichkeit verlieren. Prinzipiell hätte ich befürworten können, einfach alles laufen zu lassen, denn du fühltest dich ja pudelwohl. Und welchen Grund oder welches Recht gäbe es, das zu unterbinden, auch wenn das Glück eines Menschen für viele oder alle seiner Mitmenschen nicht nachvollziehbar oder einsichtig ist?

Allerdings gab es Situationen, wo ich mich in der Verantwortung sah, dich vor deinen eigenen Handlungen zu schützen. Eine der Schlüsselszenen war vielleicht, als ich mal nach Hause kam und dich am Küchentisch sitzend mit dem Kopf in einer zersprungenen Glasschüssel mit Gulasch liegend sah. Nicht nur, dass deine Stirn in den Scherben lag – als ich deinen Kopf hob und du aufwachtest, nahmst du sofort den Löffel und wolltest anfangen, das Glasgulasch zu essen.

Kurz gesagt: Es galt, wachsam zu sein und im Falle eines Falles – und wo überhaupt möglich – einzugreifen. Zu dieser Zeit hätte ich mir als Lösung einen vagen Ort vorstellen können, an dem man tun und lassen kann, was man will, aber vor sich selbst geschützt ist. In der Praxis kann es so etwas wahrscheinlich nicht geben, schon allein deshalb, weil man, um seinen manischen »Zielen« und »Antrieben« nachzugehen, nicht an einen Ort gefesselt sein dürfte.

Ich fuhr dann irgendwann im Sommer mit Tobias (Freund) nach Holland und Belgien. Als ich zurückkam, warst du in der Klinik. Das eigentlich Fiese war, dass aufgrund deiner Medikamentierung für mich überhaupt nicht festzustellen war, wie es dir eigentlich wirklich ging. Was von dem, was ich hören und sehen konnte, warst du »live«, was war der Einfluss der Mittelchen? Es blieb zu hoffen, dass die Ärzte wissen, was sie tun. Damals ist mir vielleicht zum ersten Mal so richtig aufgefallen, wie abhängig man von Leuten ist, die sich mit etwas auskennen, womit man sich selbst nicht auskennt. Dass man gar nicht umhin kann, manche Entscheidungen an andere abzugeben, in der Hoffnung, sie verstünden mehr davon.

Ehemann und Vater: Die erste Krankheitsphase 1971 war für mich die schwierigste, da ich von dieser Krankheit keine Ahnung hatte. Die Kinder waren damals sicher noch zu klein, um davon auch noch heute etwas im Bewusstsein zu haben. Bei den späteren Erkrankungen hatte ich schon mehr Erfahrung. Der Umgang mit der Krankheit war dann immer situationsbedingt. Nachfolgend meine wichtigsten Erkenntnisse und Hinweise im Umgang mit dieser Krankheit in unserer Familie: Kein Schicksal, es ist unser gemeinsames Familienleben; keine Schuldzuweisung, Geduld in schwierigen Phasen; keine »böse Krankheit«, es gab und gibt ja auch sehr gute, »normale« Zeiten; kein »totaler Rückzug« aus dem Kreis der Freunde, Bekannten, Nachbarn usw.; die »Tiefen« bei der Mutter wurden gemeinsam bewältigt, indem jeder von uns etwas mehr zum Alltäglichen beigetragen hat; Geduld und Ausdauer, auch wenn die Tiefphasen immer viel zu lange dauerten – Zuversicht, Mut machen.

Wir Eltern haben im Beisein der Kinder nicht bewusst von »Krankheit« gesprochen. Im Laufe der Zeit, vor allem in den 80er Jahren, wurde dann schon über die Situation geredet: Medikamente – was hilft? Arztbesuche, kann man in Urlaub fahren? Gibt es nichts anderes, was helfen könnte? Usw. Zu dieser Zeit hatte mein Sohn auch eigene Versuche unternommen, um eventuell einen Arzt oder eine Methode zu »entdecken«.

Das Thema psychische Krankheit wurde mit den Kindern nicht permanent strapaziert. Wenn es notwendig und sinnvoll war, wurde informiert, Fragen wurden beantwortet. Die schulischen Leistungen beider Kinder wurden nicht beeinträchtigt.

Ich denke heute, dass das Wichtigste für Kinder – gerade in solchen Phasen – der Zusammenhalt der Familie ist, die auch in schwierigen Zeiten alles tun sollte, um das gemeinsame Leben positiv zu sehen und entsprechend zu gestalten. Dabei dürfen auch die persönlichen Hobbys wie Sport oder Musik nicht allzu sehr leiden oder gänzlich aufgegeben werden.

▰ Tochtersein ist kein Beruf

Beim Nachdenken darüber, wann sich die ersten Symptome der manisch-depressiven Krankheit meiner Mutter erkennen ließen, stelle ich zu meiner Überraschung fest, dass ihre Erkrankung mich mittlerweile seit beinahe zehn Jahren begleitet. Ich bin jetzt 30 Jahre alt und das heißt, dass ich immerhin schon ein Drittel meiner Lebenszeit Zeit hatte, mich damit auseinanderzusetzen, dass meine Mutter psychisch krank ist. Und trotzdem habe ich immer noch nicht gelernt, mich mit dieser Tatsache abzufinden, noch mich daran gewöhnt, mit den Konsequenzen zu leben. Ich arbeite daran.

Kurz nachdem ich mit 18 von zu Hause wegging, um zu studieren, zeigten sich bei meiner Mutter erste Anzeichen der Erkrankung, anfangs noch in »unverfänglicher« Weise. Es handelte sich um Phasen erhöhter Aktivität (heute würde ich sagen: Hyperaktivität), gefolgt von Phasen leichter Depression und Niedergeschlagenheit. In den manischen Phasen (erst viel später wurde mir klar, dass es sich um manische Phasen handelte) fällte sie blitzartig Entscheidungen und konfrontierte ihre Mitmenschen damit, ohne deren Meinung ernsthaft zur Kenntnis zu nehmen. Ein plötzlicher Umzug war noch die leichteste Übung. Dazu kamen in immer schnellerer Folge Streit und Zerwürfnisse mit den ihr am nächsten stehenden Menschen, eine Scheidung und die Aufgabe ihres Arbeitsplatzes. Meine Mutter war schon immer ein recht impulsiv und spontan handelnder Mensch gewesen, deshalb kamen mir ihre Handlungen zu diesem Zeitpunkt noch einigermaßen motiviert vor. Zerwürfnisse gibt es in den besten Familien (und es gab Gründe), eine Scheidung ist heutzutage nichts Undenkbares mehr (in diesem Fall war es die zweite Scheidung, und ich mochte ihren zweiten Ehemann nie besonders), und es handelte sich auch nicht um den ersten Umzug. Und warum sollte eine Frau mit knapp 40 Jahren und voller Energie und Aktivität nicht eine ungeliebte Stelle aufgeben und sich nach einem neuen Job umsehen?

So weit, so gut. Vielleicht machte mir das alles auch so wenig aus, weil ich, anders als meine Schwester, die noch zu Hause lebte, das Chaos aus der sicheren Entfernung meines Studienortes betrachten konnte.

Die Augen wurden mir erst geöffnet, als sie aus dieser manischen in eine depressive Phase geriet. Keine bloße Motivationslosigkeit, keine einfache Antriebsschwäche, nein, ein tiefes Loch, aus dem sie, wie ich zu meinem Entsetzen erkennen musste, nicht alleine herauszukommen schien. Sie saß in der gekündigten Wohnung ihres »Freundes«, den sie im Überschwang der Manie kennen- und lieben gelernt und der sie in der Ernüchterung der nachfolgenden Depression prompt verlassen hatte (ein wiederkehrendes Muster). In einem Monat sollte die Wohnung geräumt sein, und meine Mutter kümmerte sich nicht. Saß in einer halbleeren Wohnung und tat gar nichts. In meiner Verzweiflung landete ich bei irgendeinem Arzt, dem ich die Symptome schilderte und der ein Zauberwort aussprach: »manisch-depressiv«. Im ersten Moment war das wie eine Erlösung. Immerhin wusste ich jetzt, womit ich es zu tun hatte. Wie ich damit umgehen sollte, wusste ich nicht. Und machte prompt das Falsche. Nämlich so zu tun, als sei alles immer noch irgendwie normal und irgendwie zu bewältigen. Da meine Mutter sich nicht rührte, fand ich aus 400 km Entfernung für sie eine Wohnung. Am Telefon gab ich mich als meine Mutter aus. Ich organisierte den Umzug in eine kleinere und billigere Wohnung.

Meine Schwester, nicht viel klüger als ich, reiste alle zwei Wochen aus 50 km Entfernung an, um meine Mutter zu einer Neurologin zu bringen, die ihr Medikamente verschrieb, die sie in den nächsten Wochen nicht einnehmen würde. Ich reiste alle zwei Wochen an, um ihre Wohnung zu putzen und den Kühlschrank aufzufüllen. Meine Mutter raffte sich noch einige Zeit auf, zur Arbeit zu gehen, bis sie auch das nicht mehr schaffte und einfach nicht mehr im Büro erschien. Als meine Schwester und ich davon erfuhren, hatte sie die fristlose Kündigung bereits erhalten und brav eingewilligt. Natürlich hatte sie sich nicht rechtzeitig krankschreiben lassen. Mit Mühe und Not gelang es mir, die Krankenkasse dennoch zu überzeugen, Krankengeld zu zahlen.

In dieser Zeit starb dann auch noch meine Großmutter. Ich reiste, mit Trauerkleidung im Gepäck, zu meiner Mutter, um ihr die Nachricht zu überbringen, bereit, mit ihr am nächsten Tag zur Beerdigung zu reisen. Ihre Depression erlaubte es ihr noch nicht einmal, über den Tod ihrer Mutter zu weinen. Ich könnte endlos weitererzählen.

Heute kann ich über meine damalige Naivität nur noch den Kopf schütteln. Ich weiß nicht, wie lange ich, in unerschütterlicher Zusammenarbeit mit meiner Schwester, dieses Spiel noch hätte weiterspielen können. Zu der dauernden Sorge um die Gesundheit meiner Mutter kam die Sorge um meine Schwester, die, anders als ich, weiterhin finanziell auf die Unterstützung meiner Mutter angewiesen war. Ganz nebenbei versuchte ich, zu studieren und das Studium zu finanzieren.

Dabei lag bereits seit Monaten auf meinem Schreibtisch die Infobroschüre der Kölner Angehörigengruppe »Rat und Tat«. Und endlich – gerade rechtzeitig – fasste ich mir ein Herz und ging zu einem der wöchentlichen Gruppentreffen. Ich erzählte wildfremden Menschen von meinen Sorgen und traf auf ein so hohes Maß an Verständnis und Sympathie, dass ich mein Glück kaum fassen konnte. Nicht, dass ich nicht auch vor diesem Zeitpunkt mit anderen Menschen über meine Probleme hätte reden können. Ihre Ratschläge waren oft gut gemeint, wenn auch nicht immer gut. Aber vor allem fiel (und fällt) es mir schwer, Ratschläge von Menschen anzunehmen, die – und das spüre ich sehr genau – nicht wirklich nachvollziehen können, was es heißt, so unmittelbar mit einem geliebten Menschen konfrontiert zu sein, der psychisch krank ist.

Auch die Ratschläge aus der Angehörigengruppe habe ich mir anfangs mit einer gehörigen Portion Skepsis und Unglauben angehört. Liefen sie doch darauf hinaus, schlicht und einfach aufzuhören, für meine Mutter weiterhin die Verantwortung zu übernehmen und mich zur Abwechslung mal wieder auf mein eigenes Leben zu konzentrieren. Ich wurde freundlich, aber bestimmt darauf hingewiesen, dass es Menschen gibt, die sich professionell um psychisch Kranke kümmern. Und darauf, dass es manchmal besser sein kann, den Dingen ihren Lauf zu lassen und darauf zu verzichten, sich einzumischen. Tatsächlich weiß ich bis heute nicht, ob meine Einmischungen und Hilfsaktionen im Sinne meiner Mutter waren und wie sich wohl alles ohne mein Zutun entwickelt hätte. Und selbst wenn das totale Chaos ausgebrochen wäre: Wäre das nicht vielleicht letztlich die Verantwortung und die Entscheidung meiner Mutter gewesen?

Mittlerweile weiß ich, dass das Chaos mit schöner Regelmäßigkeit ausbricht – ob ich mich nun einmische oder nicht. Seinerzeit jedoch lautete mein Einwand: »Aber sie ist doch meine Mutter!« Und: »Aber sie ist doch krank!« Eine unwiderstehliche Kombination: Weil sie meine Mutter ist, muss ich mich um sie kümmern (das sagt mein Gewissen, das sagen und denken »die anderen«). Weil sie krank ist, muss ich für sie entscheiden (das sagt mein Gewissen, das sagen und denken »die anderen«). Wie ich es drehe und wende, ich fühle mich in die Pflicht genommen. Wie ich es drehe und wende, ich denke, ich müsse Verantwortung tragen. Bin ich nicht dazu verpflichtet: als Tochter, als älteste Tochter, als einer von zwei Menschen (nicht zufällig Töchter), die, so scheint es, sich als Einzige in Krisenzeiten um diese psychisch kranke Frau, ihre Mutter, kümmern? Das waren meine Fragen, und die Antwort auf all diese Fragen lautete (zugegebenermaßen etwas verkürzt): Nein.

Eine scheinbar einfache Antwort, aber es ist mir in zehn Jahren nicht gelungen, sie konsequent umzusetzen. Nein, ich glaube nicht mehr, dass ich verpflichtet bin, für meine Mutter zu entscheiden und die Verantwortung für sie zu übernehmen. Als wenn es nicht schwer genug wäre, die Verantwortung für mein eigenes Leben zu übernehmen. Die Krankheit meiner Mutter fällt in eine Zeit, in der Menschen gemeinhin Entscheidungen zu treffen haben, die das gesamte zukünftige Leben beeinflussen können.

Nicht nur, dass mir eine Mutter gefehlt hat, dir mir in dieser schwierigen Zeit hätte beistehen können. Das Gegenteil war der Fall: Ich habe die Mutter gespielt für meine eigene Mutter. Und von Zeit zu Zeit auch noch für meine jüngere Schwester. Trotzdem: Wenn wieder eine Krise herannaht, springe ich meist ohne lange zu überlegen in die Bresche. Und sollte ich zur Abwechslung mal den Mut aufbringen, die Verantwortung abzulehnen, taucht mit Sicherheit von irgendwoher jemand auf, der mich an meine Pflichten erinnert: »Aber Sie sind doch die Tochter!« Ja, aber nicht von Beruf.

Wie hat die Krankheit meiner Mutter mein Leben in den vergangenen Jahren beeinflusst? Ein großes Sicherheitsbedürfnis und stetige Zukunftsangst sind sicherlich die maßgebliche Folge meiner Erfahrungen. Ich habe aus nächster Nähe erlebt, wie schnell ein Mensch in scheinbar geordneten und sicheren Lebensumständen durch sämtliche Maschen des sozialen Netzes fallen kann. Gleichzeitig hat mir diese Tatsache klargemacht, dass ich ganz auf mich allein gestellt bin. Keine Eltern, die mir im Notfall unter die Arme greifen könnten. Kein warmes Nest, in dem man gelegentlich Schutz suchen könnte. Mit 30 Jahren hat man es meist nicht mehr nötig, bemuttert zu werden. Die meisten Menschen aus meinem Bekanntenkreis finden es sogar eher lästig.

Bestimmte Selbstverständlichkeiten lernt man erst zu schätzen, wenn sie aufhören, selbstverständlich zu sei. An schlechten Tagen bin ich abwechselnd wütend, traurig oder selbstmitleidig. Wütend, weil meine Mutter mich im Stich gelassen hat und gleichzeitig immer wieder meine ganze Aufmerksamkeit in Anspruch nimmt, ohne Rücksicht auf meine Bedürfnisse zu nehmen. Traurig, weil meine Mutter nicht mehr der Mensch ist, den ich als Kind kannte. Weil sie sich so sehr verändert hat und mir manchmal unendlich fremd erscheint. Traurig auch, weil mich ihre Krankheit eine Familie gekostet hat. Und selbstmitleidig, weil ich es ungerecht finde, dass gerade mir das passiert.

Und wenn ich lange genug wütend, traurig oder selbstmitleidig war, meldet sich meist das schlechte Gewissen und weist mich darauf hin, dass a) meine Mutter nichts dafür kann, denn sie ist krank, und dass b) es ihr ja wohl viel schlechter geht als mir.

An guten Tagen ignoriere ich das schlechte Gewissen und bin stolz darauf, dass ich es geschafft habe trotz aller Widrigkeiten. Dass ich mich diesen Krisen und schwierigen Situationen gestellt und sie – wenn auch nicht immer glorreich – überstanden habe.

An guten Tagen kann ich akzeptieren, dass Familien nicht immer aus Vater, Mutter, Kindern, Tanten, Onkeln etc. bestehen. Und dass meine Familie sich eben anders zusammensetzt. Aus denjenigen Menschen, die in den vergangenen Jahren immer für mich da waren, wenn ich sie brauchte: meine Schwester, meine Freundin.

An guten Tagen stelle ich fest, dass ich in zehn Jahren vieles gelernt habe und wie viele Menschen mir dabei geholfen haben.

Die Angehörigengruppe, aber auch immer wieder Menschen, die ich kaum oder nicht wirklich gut kenne und die mich, wenn ich es am wenigsten erwarte, überraschen mit kleinen oder größeren Gesten ihrer Hilfsbereitschaft.

Kürzlich hatte meine Mutter einen »Rückfall«. Als meine Schwester verlauten ließ, dass sie es satt habe, immer für meine Mutter in die Verantwortung genommen zu werden, erklärte ich ihr vorwurfsvoll, dass wir schließlich ihre Familie seien. Worauf sie mich darauf hinwies, dass meine Mutter auch noch zwei Schwestern und einen Bruder hat. Das hatte ich völlig vergessen.

Wie gesagt: Ich arbeite daran.

Susanne Webel, 30

■ **Den Kindern Raum geben**

In den Sprechstunden und Gesprächskreisen der Kölner Angehörigenselbsthilfe Rat und Tat e. V. werden wir immer wieder mit der Not von Kindern psychisch kranker Eltern konfrontiert – allerdings immer wieder isoliert, als Einzelfall. Deshalb haben auch wir den Bedürfnissen der Kinder allzu lange allzu wenig Aufmerksamkeit und Energie gewidmet. Bis dann wieder ein Vater oder eine Mutter mit kleinen Kindern auf der Matte stand und uns ratlos machte. Oft genug können die erwachsenen Angehörigen noch nicht einmal in eine Gesprächsgruppe kommen, um selbst wieder stabiler – und damit ein besserer Halt fürs Kind – zu werden. Es ist niemand für die Kleinen da – der erkrankte Elternteil lässt Fremde nicht ins Haus oder nimmt keine Hilfe an, schon gar nicht für die Kinder. Die Angst, das Jugendamt könnte die Kinder wegnehmen, ist allzu groß – und nicht immer ganz unberechtigt.

Wenn die Kinder erwachsen geworden sind und in unseren Gruppen auftauchen, erleben wir ihre Not in der Rückschau mit, erleben, was die Erkrankung eines Elternteils bei ihnen angerichtet hat, welch langen tiefen Schatten sie auf ihr eigenes Leben geworfen hat.

Angehörige finden in der Regel zu uns, wenn sie nicht mehr weiterwissen, wenn die Kraft erschöpft ist. Töchter und Söhne stehen dann meistens auf der Schwelle zum Erwachsenwerden, am Beginn von Studium oder Ausbildung, vor dem Schritt ins Berufsleben – und kurz vor dem Zusammenbruch: weil die Kraft nicht mehr ausreicht, das eigene Leben allmählich auf die Reihe zu bekommen und gleichzeitig den offenen oder versteckten Forderungen der Eltern, ihren tatsächlichen oder vermeintlichen Erwartungen gerecht zu werden – der Verantwortung zumeist für beide, nicht nur für den erkrankten Teil, und womöglich auch noch für die Geschwister.

Kinder psychisch erkrankter Eltern übernehmen oft sehr früh »Elternfunktionen«. Je früher und je länger sie sich diese Last aufbürden (lassen), desto tiefer schleift sich die sorgende, *ver*-sorgende Haltung ein. Ja, soll man dann die Kinder auch noch in die Behandlung ihrer Eltern einbeziehen?

Für mich ist das keine Frage, sondern eine Forderung! Nicht *ob*, sondern *wie*, muss die Frage lauten. Doch die lässt sich leider nicht so ohne Weiteres beantworten. Weil jedes Kind, jede Familie anders ist und weil Kinder zudem je nach Alter und Entwicklungsphase unterschiedliche Bedürfnisse haben. Grundsätzlich aber lässt sich mit Janusz Korczak sagen: Kinder sind nicht dümmer als Erwachsene, sie haben nur weniger Erfahrung. Aber:

Kinder sind Kinder – keine Co-Therapeuten!

Sie dürfen nicht für die Behandlung oder die Rückfallprophylaxe ihrer Eltern instrumentalisiert werden! Kinder haben das Recht und die Fähigkeit, mit Problemen, die sie betreffen, konfrontiert zu werden, damit sie sich damit auseinandersetzen können. Psychische Erkrankungen zeigen sich in Verhaltensänderungen. Diese Veränderungen bedürfen einer altersangemessenen Erklärung. Den Kindern helfen heißt: Enttabuisieren – entdramatisieren – entlasten!

Ich will versuchen, beide Seiten im Blick zu behalten, um auch und nicht zuletzt für die Eltern zu plädieren. Ich teile nämlich die Sorge einer betroffenen Mutter, die mir nach einer Tagung zum Thema »Psychisch Kranke in der Familie« schrieb:

BEISPIEL »... ich erzählte die Geschichte von mir und meinem Sohn, die ja bisher einigermaßen gut ausgegangen ist, dank Mann, Großeltern, Integrationskindergarten und Integrationsschule. Dabei bin ich zu dem Fazit gekommen: Die Aufklärungsarbeit darüber, wie schwer es die Kinder haben, ist womöglich ein Schuss, der nach hinten losgeht. Die Profis, überwiegend aus der Sozialpädagogik, waren nach meinem Eindruck ohnehin der Meinung, dass psychisch Kranke besser keine Kinder haben. Mir ging es nach der Tagung wirklich schlecht. Statt zu überlegen, wie man diese Familien stützen kann, wurde gejammert, dass überhaupt Kinder da sind. Hoffentlich haben nicht zu viele meine Informationen in den falschen Hals bekommen! Ich sah mich dazu veranlasst, darauf hinzuweisen, dass es kein Almosen und keine Gnade, sondern das Recht der Familien ist, unterstützt zu werden. Dass die Unterstützung tatsächlich noch nicht da ist, sollte die Kreativität aller Beteiligten herausfordern, nicht die Resignation, psychisch Kranken sei von Kindern abzuraten. Wenn es darum geht, Hilfe einzufordern, werde ich in Zukunft weniger betonen, wie schwer es die Kinder haben, sondern darauf aufmerksam machen, wie wichtig für psychisch kranke Eltern ein gutes Familienleben ist.« ∎

Gleichzeitig fürchte ich, die Psychiatrie wird sich den Kindern der Patienten nur dann zuwenden, wenn sie begreift, dass zur Gesundung der Eltern die Stärkung der elterlichen Kompetenz gehört. Dass also beispielsweise Hilfen zum selbstständigen Wohnen notwendigerweise auch Hilfe zur Erziehung beinhalten müssen.

Eltern bleiben Eltern – auch wenn sie krank sind

Es hat ja lange genug gedauert, bis die psychiatrisch Tätigen zur Kenntnis genommen haben, dass psychisch erkrankte Menschen in sozialen Bezügen leben – und dass diese für ihre Gesundung von Bedeutung sind. Die Gesellschaft im Allgemeinen und die Familie im Besonderen galten allenfalls als notorische Krankmacher, vor denen man die Betroffenen schützen musste.

Heute gehört es fast schon zum guten Ton, den Stellenwert der Angehörigenarbeit zu betonen. Die Kluft zwischen Praxis und Proklamation ist freilich immer noch recht groß. Es ist keineswegs schon selbstverständlich, Angehörige, die mit den

Patienten zusammenleben, sie oft lebenslang begleiten, in die Entlassungsvorbereitung einzubeziehen, geschweige denn in die Behandlung!

Dass auch kleine Kinder und Jugendliche Angehörige sind, das dringt erst seit ein paar Jahren allmählich ins Bewusstsein – selbst in der Angehörigenbewegung, die sich vor rund 25 Jahren organisiert und auf den Weg gemacht hat, den Bedürfnissen der Patienten und ihrer Familien zu mehr Beachtung zu verhelfen. Dass die Kinder dabei nicht gleich mit ins Blickfeld gerückt sind, lässt sich durchaus erklären: Mit einer psychischen Erkrankung macht sich tiefe Verunsicherung in der ganzen Familie breit. Zunehmend befremdliches Verhalten, abrupte Stimmungswechsel, nicht nachvollziehbare verzerrte Wahrnehmungen, chaotischer Umgang mit Geld und Zeit, unberechenbare Schwankungen zwischen Anhänglichkeit und Zurückweisung, Verwöhnung und Beschimpfung führen und verführen dazu, dass sich die Aufmerksamkeit aller auf die erkrankte Person und ihr Befinden konzentriert. Denken und Handeln kreisen nur noch um das eine Ziel: die bedrohlichen Begleiterscheinungen der Krankheit zu bannen, nur ja nichts »Falsches« zu sagen oder zu tun. Weil das nur selten gelingt, werden Angst, Hilflosigkeit und Ohnmacht zum beherrschenden, alles lähmenden Lebensgefühl aller in der Familie.

Auch die erwachsenen Bezugspersonen geraten aus dem Gleichgewicht. Emotionale Stabilität, Gelassenheit und Zuversicht, die für die Prognose der Erkrankten ebenso bedeutsam sind wie für die Entwicklung der Kinder, müssen auch die (erwachsenen) Angehörigen sich erst wieder erarbeiten. Wenn ihnen dabei von den psychiatrisch Tätigen – offen oder unterschwellig – unterstellt wird, sie hätten zur Erkrankung des

Familienmitglieds beigetragen, sie gar verursacht, so ist das nicht gerade hilfreich. Mit Selbstzweifeln und Schuldgefühlen quälen sich große sowie kleine Angehörige ohnehin. Was ihnen nottut, sind Ermutigung, emotionale und praktische Entlastung – und zwar für alle in der Familie, ob (noch) gesund oder krank!

BEISPIEL »Mein Mann kam mit der Situation überhaupt nicht zurecht. Ich wäre so froh gewesen, wenn irgendjemand da gewesen wäre und meine Kinder an die Hand genommen hätte. Besonders meine Tochter, die zwölf war, als ich akut erkrankte, hat zu viel miterlebt. Ich habe mich zwar zusammengenommen, wenn die Kinder zu Hause waren, aber mit dem Willen war da nicht mehr viel zu machen. Ich bin nur froh, dass ich friedlich geblieben bin und so viel Angst hatte, ihnen Schaden zuzufügen. Wie leicht lassen sich seelische Schäden, die Kinder durch die Erkrankung eines Elternteils nehmen, als ›genetische‹ Faktoren abtun.« ■

Ja, da hat man in der (Erwachsenen-)Psychiatrie gerade erst und immer noch recht zögerlich begonnen, die allgemeine Sprachlosigkeit zu überwinden: Nicht genug, dass man sich mit den Patienten und ihren nicht weniger nervenden Angehörigen auseinandersetzen muss, jetzt soll man auch noch mit Kindern sprechen (lernen)?! Für die ist man doch gar nicht zuständig – in der Erwachsenenpsychiatrie ...

▄▄ Auch Kinder sind Angehörige

Mit welcher Hypothek Söhne und insbesondere Töchter psychisch kranker Eltern ins Leben gehen, das wird deutlich, wenn erwachsen gewordene Kinder in den Angehörigengruppen über ihre Not berichten.

Alle Erschütterungen, alle Sorgen und Ängste, die Erwachsene im Zusammenleben mit einem psychisch erkrankten Menschen umtreiben – wenn nichts mehr ist, wie es einmal war –, finden sich in den Schilderungen der Kinder wieder. Nun fällt es den Erwachsenen schon schwer genug, sich zu »outen«, Hilfe zu suchen und in Anspruch zu nehmen, notfalls energisch einzufordern.

Für Kinder, die auf den Rückhalt der Familie existenziell angewiesen sind, ist es schier unmöglich, das Tabu »Niemand darf davon erfahren ...« zu durchbrechen. Sie geraten – auch als Erwachsene noch – in tiefste Loyalitätskonflikte, wenn sie das Familiengeheimnis offenbaren. Sie schämen sich für das Verhalten der Erkrankten und fühlen sich gleichzeitig des »Verrats« schuldig, wenn sie »schlecht« über sie reden. Und an wen sollen sie sich wenden, wem können sie sich anvertrauen, wenn schon die nächsten Bezugspersonen unerreichbar sind? Wenn auch die keine Worte finden für das beängstigend Befremdliche?! Wenn auch sie aus Angst vor Stigmatisierung alles daransetzen, abzuwiegeln, abzulenken und zu vertuschen?!

Mit niemandem sprechen zu können, nichts erklärt zu bekommen, das – so berichten fast alle Kinder psychisch erkrankter Väter oder Mütter – war das Allerschlimmste. Und manch ein Versuch, den Hausarzt, einen Lehrer oder Seelsorger ins Vertrauen zu ziehen, ist kläglich gescheitert: weil die zaghaft und vielleicht nur andeutungsweise, aber mit dem Mut der Verzweiflung Angesprochenen den Kindern nicht geglaubt haben, den Ernst ihrer Lage nicht spüren konnten oder aus eigener Voreingenommenheit nicht wahrhaben wollten. Kleinen Kindern bleibt dann allenfalls die Möglichkeit, ihrer Einsamkeit und Ratlosigkeit Ausdruck zu verleihen, indem sie ihrerseits

»Probleme machen«. Was – paradoxerweise – als gesunde Reaktion zu verstehen ist.

Ja, man muss geradezu froh und dankbar sein, wenn Kinder in dieser Situation Symptome produzieren! Denn nur, wenn sie selbst als therapiebedürftig erkannt und damit als therapieberechtigt anerkannt werden, dürfen sie auf Hilfe hoffen. Hilfe haben aber gerade auch die Unauffälligen nötig, die stillen Angepassten, die so bewundernswert gut »funktionieren«, die scheinbar alles so gut verkraften. Ihnen ist das Gefühl der Verantwortung für das Wohlergehen der Familie fast unauslöschlich eingebrannt. Unendlich pflichtbewusst und tüchtig, ergreifen sie nicht selten soziale Berufe ... Dabei fällt es ihnen ganz besonders schwer, sich selbst wahrzunehmen, sich abzugrenzen, die Verantwortung für das eigene Leben zu übernehmen und den Eltern und Geschwistern die Verantwortung für deren Wohl zurückzugeben. Sich um die eigenen Bedürfnisse zu kümmern und es sich gut gehen zu lassen – ohne schlechtes Gewissen und unabhängig vom Befinden der anderen –, das scheint ihnen fast undenkbar.

Weil Kinder mit ihren Eltern in Beziehung bleiben – auch wenn Vater oder Mutter krank ist, und erst recht, wenn einer oder gar beide psychisch erkrankt sind. Je diffiziler die Beziehung, desto nachhaltiger die Fessel der Ambivalenz – selbst nach einer Trennung. Die seelische Nabelschnur lässt sich so leicht nicht kappen, wie man von Adoptivkindern weiß.

Doch wo anfangen? Wie einsteigen – rechtzeitig, präventiv? Wer sich darauf einlässt und genauer hinschaut, stößt mit jeder Antwort auf neue Fragen: Was genau brauchen welche Kinder in welchem Alter? Wie und wo erreicht man sie? Sie sollen ja gerade nicht psychiatrisiert, sondern entlastet und gestärkt werden, um später möglichst nicht ebenfalls zu erkranken.

Wie macht man die Kinder zum Thema in der Therapie der erkrankten Eltern? Wie bringt man den Eltern Hilfsangebote nahe, ohne Schuldgefühle zu schüren? Und schließlich brauchen die Patienten auch als Eltern Begleitung, um z. B. Abgrenzungsversuche ihrer Kinder verstehen, zulassen, ertragen zu lernen.

Erst recht im »worst case«, wenn alle Stränge reißen und ein Kind vorübergehend oder dauerhaft aus der Familie genommen werden muss. Wer es ernst meint mit dem Wohl der Betroffenen, darf weder Kinder noch Eltern mit einer derart traumatischen Erfahrung alleinlassen!

Solche Notlösungen werden sich nicht in jedem Fall vermeiden lassen. Sie werden aber umso seltener notwendig, wenn rechtzeitig für Entlastung und stützende Begleitung überforderter Eltern und Kinder gesorgt wird.

▬ ▬ Raum geben – im Herzen wie im Haus

Das fängt mit Kleinigkeiten an, die flächendeckend selbstverständlich werden müssen: zum Beispiel die Spielecke im Wartezimmer des niedergelassenen Psychiaters, in der Klinikambulanz, im Sozialpsychiatrischen Zentrum; familienfreundliche Besuchsräume und die Möglichkeit zum »Rooming-in« auch in den psychiatrischen Kliniken; eine wöchentliche stationsübergreifende Gesprächsrunde für Eltern, an der sich auch Mütter und Väter aus den Pflegeteams beteiligen. Motto: »Wenn Kinder nerven«.

Ich kenne keine Eltern, die ihre Kinder nicht gelegentlich auf den Mond schießen möchten – und ich kenne kein Kind, das niemals Stress mit den Eltern hat. Dazu muss niemand erst psychisch krank werden. Aber es hilft, wenn man merkt: Anderen geht es genauso – ich bin kein Monster! Und wenn man erfährt, wie andere damit fertig werden – mit oder ohne fremde Hilfe.

Solange elterliche Probleme immer nur als Ausdruck der Erkrankung gewertet werden, darf man sich freilich nicht wundern, wenn die Patienten sie verdrängen, verschweigen, sie vor sich selbst und anderen verleugnen – aus Angst, die Erziehungsfähigkeit könnte ihnen abgesprochen, die Kinder ihnen weggenommen werden. Die Schwelle aus Scham- und Schuldgefühlen ist ohnehin schier unüberwindlich.

Glauben Sie nur nicht, psychisch kranke Eltern spürten nicht, dass sie ihren Kindern oft nicht gerecht werden können. Glauben Sie nur nicht, genesende Patienten wüssten nicht, was in der akuten Psychose abgelaufen ist! Solange sich die Behandler aber mehr für den gestörten Hirnstoffwechsel interessieren als für die verstörte Seele der Betroffenen, bleiben diese mit ihrer Not allein. Ist es da nicht ein verständlicher Akt des Selbstschutzes, wenn sie (auch) diesen Teil ihrer Ängste und Selbstzweifel ausblenden, abspalten, wegschließen?!

Doch täuschen wir uns nicht: Für Eltern sind und bleiben die Kinder ein zentrales Thema. So, wie die Eltern zentrales Thema der Kinder sind und bleiben – umso stärker, je komplizierter, unsicherer, unsteter die Beziehung ist und erlebt wird.

Beide, Kinder *und* Eltern brauchen respektvolle Aufmerksamkeit. Sie brauchen einfühlsame Begleiter, die ihren Kummer wahrnehmen und sie nicht länger damit alleinlassen!

Den Kindern Raum geben heißt:
- sie anhören, ihnen zuhören,
- ihre Fragen beantworten und sie an der Lösung ihrer Probleme beteiligen,
- ihren kindlichen Bedürfnissen Geltung verschaffen,

- ihnen altersgemäße Entfaltungsmöglichkeiten eröffnen,
- ihnen Spiel-Raum schaffen – im Herzen wie im Haus.

Den Kindern Raum geben heißt aber auch:
- den Eltern Mut machen, ihnen beistehen, soweit und solange sie dies nötig haben, um ihren Kindern (wieder) Raum geben zu können – im Herzen wie im Haus!

Wer zeigt sich zuständig, wer gestaltet, wer finanziert ein Angebot, das (noch) keine Therapie sein soll, das z. B. einfach »nur« Raum gibt für Spaß und Spiel, ein paar Stunden unbeschwert Kindseindürfen – das damit auch Mama und Papa Pausen gönnt vom Druck der elterlichen Pflichten. Ich meine, das ist eine gemeinsame Aufgabe von Psychiatrie, Kinder- und Jugendhilfe. Es bedarf dazu freilich der Bereitschaft zu wertschätzender Kooperation!

Da psychisch erkrankte Eltern in der Regel zunächst in der Psychiatrie auftauchen, ist vor allem die Achtsamkeit der Behandler gefordert. Ich betrachte es als Kunstfehler, wenn diese die familiäre Situation ihrer Patienten ausblenden. Es darf einfach nicht sein, was vielfach immer noch so ist:

»... alle haben immer nur gefragt, wie es meiner Mutter gehe, auch die Ärzte. Keiner hat mal gefragt, wie es uns Kindern geht.«

»Als Kind musste ich lernen, das Weinen zu unterdrücken – jetzt ist mir das Lachen vergangen.« (Ernst Reiling)

Es darf einfach nicht sein, was immer noch passiert: dass z. B. eine 13-Jährige nach der Zwangseinweisung ihrer chronisch psychisch kranken Mutter wochenlang sich selbst überlassen bleibt; dass niemand in der Klinik auf die Idee kommt, mit der Tochter über ihr Erleben und über die Erkrankung der Mutter zu sprechen; dass kein einziges gemeinsames Gespräch darüber geführt wird, wie es nach der stationären Behandlung weitergehen soll – obwohl bekannt ist, dass die beiden allein zusammenleben; und dass die Mutter schließlich Knall auf Fall entlassen wird – ohne dass *vorher* irgendjemand benachrichtigt wird.

Es liegt in der gemeinsamen Verantwortung von Psychiatrie und Jugendhilfe, notwendigen Beistand zu besorgen – unabhängig davon, wer ihn letztlich leistet. Es liegt in der Verantwortung dessen, der den Bedarf zuerst wahrnimmt, die zuständigen Dienste und Kooperationspartner zu mobilisieren, wenn zusätzliche Hilfen erforderlich sind, um Kinder gut zu versorgen, solange ihre Eltern dazu nicht in der Lage sind – und um die Patienten (wieder) zu befähigen, ihre Kinder gut ins Leben zu begleiten.

Susanne Heim

II Die Entwicklung der Kinder und ihrer Familien: Was wir wissen sollten

Kinder mit psychisch kranken Eltern
Was wir wissen und was zu tun ist

Fritz Mattejat

Kinder mit psychischen Problemen, die Fachleuten in psychiatrischen und psychotherapeutischen Einrichtungen für Kinder und Jugendliche vorgestellt werden, stammen häufig aus Familien, in denen ein Elternteil schwere psychische Probleme oder eine psychische Erkrankung hat. Oft kommen die Familien erst dann mit Fachleuten in Kontakt, wenn es um die Frage geht, ob die Kinder in der Familie bleiben können, oder wenn eine Fremdplatzierung der Kinder gerichtlich erzwungen werden soll. Es ist aber unbefriedigend, erst dann einzugreifen, wenn die Kinder schon psychische Störungen entwickelt haben; viel besser ist es, wenn Familien mit einem psychisch kranken Elternteil die vorhandenen Hilfsangebote wahrnehmen, solange die Situation noch nicht so zugespitzt ist.

Eine gute Grundlage für die Nutzung von möglichen Hilfsangeboten sind Informationen darüber, wie häufig Kinder von psychisch kranken Eltern versorgt werden, welche besonderen Probleme dabei auftreten können, welche besonderen Risiken bei Kindern psychisch kranker Eltern zu beachten sind und welche Hilfsmöglichkeiten sich als besonders wirksam erwiesen haben. In diesem Beitrag werden die wichtigsten Forschungsergebnisse zu diesen Fragen sowie die praktischen Probleme von Eltern und Kindern dargestellt, und es wird gezeigt, wie negative Auswirkungen auf die Kinder vermieden oder abgemildert werden können. Eine sehr ausführliche Darstellung des aktuellen Forschungsstandes findet sich bei Wiegand-Grefe, Mattejat & Lenz (2011).

Wie häufig sind psychische Erkrankungen?

Zunächst einmal ist es wichtig zu wissen, dass psychische Erkrankungen in der Gesamtbevölkerung sehr häufig vorkommen. Neuere Zahlen aus repräsentativen Erhebungen in der Bundesrepublik Deutschland besagen, dass im Verlauf eines Jahres rund 30 % der erwachsenen Gesamtbevölkerung unter einer psychischen Störung leiden (siehe hierzu die Tabelle 1; 12-Monats-Prävalenz).

Häufigkeit psychischer Erkrankungen in der deutschen Bevölkerung: Ergebnisse des deutschen Bundesgesundheitssurveys (RKI) (BPtK-Newsletter, I/2007, Februar)

Tabelle 1 Häufigkeit psychischer Erkrankungen in der deutschen Bevölkerung: Ergebnisse des deutschen Bundesgesundheitssurveys (RKI) (BPtK-Newsletter, I/2007, Februar)

Diagnosen	Prozentuale Häufigkeit im Verlauf eines Jahres (12-Monats-Prävalenz)
Substanzstörungen [ohne Nikotinabhängigkeit]	4,5 %
Mögliche psychotische Störungen	2,6 %
Affektive Störungen	11,9 %
Angststörungen	14,5 %
Somatoforme Störungen	11,0 %
Essstörungen	0,3 %
Psychische Störungen aufgrund einer körperlichen Erkrankung	1,3 %
Irgendeine psychische Störung	**31,0 %**

Diese Zahlen zeigen, dass psychische Erkrankungen sehr häufig vorkommen, sie gehören zu den häufigsten Erkrankungen insgesamt. Manchmal können die betroffenen Personen ihre Krankheit ohne fachliche Hilfe bewältigen; oft aber ist eine fachliche Hilfe unbedingt erforderlich.

Bei vorsichtiger Schätzung können wir davon ausgehen, dass bei etwa 25 % der psychisch erkrankten Menschen sowohl eine Behandlungsnotwendigkeit als auch eine Behandlungsbereitschaft bestehen. Wir kommen so bei rund 60 Millionen erwachsenen Menschen in Deutschland auf eine Zahl von rund viereinhalb Millionen Erwachsenen, die pro Jahr wegen einer psychischen Erkrankung fachliche Hilfe benötigen und wünschen. Leider stehen zu wenige Fachärzte für Psychiatrie/Psychotherapie und zu wenige Psychotherapeuten zur Verfügung, um diese große Zahl von Menschen zu versorgen. Wir haben also eine gravierende Unterversorgung insbesondere im ambulanten Bereich, und es ist dringend notwendig, die ambulanten Versorgungsangebote zu verbessern.

▪▪ Warum werden die Behandlungsmöglichkeiten oft nicht genutzt?

Auch wenn die psychiatrisch-psychotherapeutische Versorgung in Deutschland bei Weitem nicht hinreichend ist, so ist sie doch besser als in den allermeisten anderen Ländern. Leider nehmen auch viele Menschen, die dringend eine Beratung, Behandlung oder Betreuung benötigen, diese nicht in Anspruch. Der wichtigste Grund dafür, warum die Betroffenen die verfügbaren Hilfen nicht in Anspruch nehmen, liegt darin, dass sie sich für ihre Krankheit schämen; in der Fachsprache wird dieses

Problem mit den Begriffen »Stigmatisierung« und »Tabuisierung« bezeichnet. »Stigmatisierung« bedeutet, dass Menschen mit psychischen Krankheiten in abwertender Weise betrachtet oder wegen ihrer Krankheit diskriminiert werden. Viele psychisch kranke Menschen fürchten eine Stigmatisierung, d.h., sie befürchten, dass sie wegen ihrer Krankheit noch zusätzliche negative Konsequenzen erdulden müssen. Die Stigmatisierung ist ein Grund dafür, warum psychische Erkrankungen häufig tabuisiert werden: Die Betroffenen haben das Gefühl, dass sie ihre Erkrankung verheimlichen müssen; sie finden nicht den Mut, offen über ihre Erkrankung zu sprechen.

Anzeichen von Stigmatisierung und Tabuisierung

- Die Krankheit wird von Ärzten nicht anerkannt: »Wir haben das genau untersucht, er/sie hat nichts.«
- Die Krankheit wird nicht ernst genommen, sondern als Einbildung oder Übertreibung bezeichnet.
- Die Erkrankung wird mit abwertenden Bezeichnungen versehen; der Patient wird abgewertet (... ist in der Psychiatrie »gelandet«).
- Die Krankheit wird nicht beim Namen genannt. Es wird um den heißen Brei herumgeredet.
- Der Patient schämt sich für seine Erkrankung, er hat das Gefühl, selbst schuld zu sein.

Die Krankheit wird von Patienten und Angehörigen verheimlicht, verschwiegen oder verleugnet; notwendige und effektive Behandlungen werden nicht wahrgenommen.

Früher wurden manchmal auch körperliche Erkrankungen als Schande betrachtet oder als Zeichen dafür, dass der Betroffene schwere Sünden begangen hat. Diese Zeiten sind bei uns zum Glück vorbei; bei psychischen Krankheiten hinkt die Entwicklung noch etwas hinterher; manche Menschen meinen, dass psychische Erkrankungen keine »richtigen« Krankheiten seien und dass man die Krankheit von allein überwinden könne, wenn man nur wolle. Das ist aber ein Irrtum. Psychische Erkrankungen sind ähnlich wie körperliche Krankheiten zu betrachten: Man sollte niemandem daraus einen Vorwurf machen, dass er krank geworden ist, und es ist auch nicht hilfreich, wenn der Patient sich selbst Vorwürfe macht, dass er krank ist. Viel nützlicher es, dass man die Krankheit als solche anerkennt, die notwendigen Behandlungen in Anspruch nimmt und sein Leben so auf die Krankheit einrichtet, dass die Krankheit bewältigt oder möglichst nicht verschlimmert wird. Falls die Krankheit chronisch ist, besteht ein wichtiges Ziel darin, dass man trotz der Erkrankung ein gutes Leben führen kann.

Stigmatisierung und Tabuisierung führen dazu, dass die meisten Menschen wenig über die Häufigkeit psychischer Krankheiten wissen. Oft denken die Betroffenen, dass sie ein extrem ungewöhnliches Problem haben. Allein das Wissen darüber, dass sehr viele Menschen von psychischen Erkrankungen betroffen sind, kann schon entlastend wirken. Stigmatisierung und Tabuisierung führen außerdem dazu, dass psychische Erkrankungen oft nicht richtig behandelt werden mit der Gefahr, dass sie sich verschlimmern. Für die meisten psychischen Störungen gibt es gute und effektive Therapieansätze, die von den Betroffenen genutzt werden sollten. Es besteht die Gefahr, dass wegen der Stigmatisierung und Tabuisierung diese Behandlungsmöglichkeiten nicht genutzt werden. Das aber wäre sehr schädlich für die Betroffenen. Es ist deshalb von vorrangiger Bedeutung, sich im Bedarfsfall an geeignete Psychologen, Ärzte, Psychiater, Psychotherapeuten zu wenden, um eine mögliche psychische Erkrankung untersuchen zu lassen und um die richtigen Hilfestellungen einzuleiten zu können.

Zum Umgang mit Stigmatisierung und Tabuisierung können wir folgende Schlussfolgerungen ziehen: Auch heute noch besteht in unserer Gesellschaft die Gefahr, dass Menschen mit psychischen Erkrankungen abgewertet und stigmatisiert werden. Einzelne Betroffene können diese Situation nicht verändern. Hier sind vielmehr die Verbände der Psychologen, Psychiater und Psychotherapeuten sowie die Verbände der Betroffenen gefordert, durch politische Initiativen und durch Aufklärung in der Öffentlichkeit dafür zu sorgen, dass psychische Krankheiten realistisch und sachlich betrachtet werden und dass psychisch Kranke in keiner Hinsicht wegen ihrer Erkrankung benachteiligt werden.

MERKE Zum persönlichen Umgang psychisch Kranker mit der eigenen Erkrankung ist es sinnvoll, dass die Betroffenen offen und offensiv mit ihrer Erkrankungen umgehen. Psychische Erkrankungen müssen nicht versteckt werden. Niemand muss sich wegen einer psychischen Erkrankung schämen, denn jeder kann es »treffen«.

Offener Umgang mit der Krankheit bedeutet zum einen, dass die Erkrankung und die mir ihr verbundenen Probleme mit Vertrauenspersonen (Familie, persönliche Freunde, psychiatrisches, psychotherapeutisches, sozialpädagogisches Fachpersonal) besprochen werden sollten. Es ist wichtig, mehrere Menschen zu haben, mit denen man offen über seine Situation sprechen kann.

Andererseits ist eine psychische Erkrankung – wie jede andere Krankheit – eine private Angelegenheit, die nicht unbedingt in die Öffentlichkeit gehört. Wenn man bei manchen Menschen den begründeten Verdacht hat, dass sie kein Verständnis für psychische Erkrankungen aufbringen können oder wollen, dann ist es vielleicht besser, nicht mit ihnen über die eigenen Probleme zu sprechen.

Wie viele Kinder haben einen psychisch kranken Elternteil?

Aus mehreren Studien wissen wir, dass psychisch kranke Menschen im Durchschnitt etwa genauso häufig Kinder haben wie psychisch Gesunde. Zwischen psychisch gesunden und kranken Menschen gibt es somit keinen Unterschied in der durchschnittlichen Kinderzahl. Aus amerikanischen Untersuchungen wissen wir, dass über die Hälfte aller Frauen mit schweren psychischen Erkrankungen Kinder haben. Zu einem beliebigen Zeitpunkt haben 10 bis 20 % der Frauen mit schweren psychischen Erkrankungen abhängige Kinder unter 18 Jahren zu Hause, für die sie sorgen müssen. Mehrere Untersuchungen in Europa kommen übereinstimmend zum Ergebnis, dass 10 bis 20 % der stationär behandelten psychiatrischen Patienten minderjährige Kinder haben, für deren Versorgung sie zuständig sind.

Leider verfügen wir auch heute noch nicht über genaue Zahlenangaben darüber, wie viele Kinder insgesamt bei einem psychisch kranken Elternteil aufwachsen. Auf der Grundlage der vorhandenen Untersuchungen können wir aber Schätzungen dazu abgeben.

Wenn wir von den oben dargestellten epidemiologischen Daten aus der Allgemeinbevölkerung ausgehen und für unsere Abschätzung konservativ annehmen, dass im Verlauf eines Jahres 15 % (halbierter Prozentsatz) der Bevölkerung unter einer psychischen Störung leiden, können wir hochrechnen, dass in der Bundesrepublik Deutschland etwa drei Millionen Kinder im Verlauf eines Jahres einen Elternteil mit einer psychischen Störung erleben. Wenn wir nun von den Daten der Gesundheitsversorgung ausgehen und nur die Menschen betrachten, die Hilfsangebote in Anspruch nehmen, kommen wir aufgrund einer neueren Schweizer Studie zum Ergebnis, dass zu einem beliebigen Zeitpunkt in der Bundesrepublik Deutschland 250.000 Kinder bei einem Elternteil leben, der sich wegen einer psychischen Erkrankung in psychiatrisch-psychosozialer Beratung bzw. Behandlung oder Betreuung befindet (Basis: GURNY u. a. 2007). Wenn wir von den stationären Versorgungsdaten ausgehen (56.000 Psychiatrie-Betten in psychiatrischen Abteilungen in Deutschland, vgl. BERGER 2004), kommen wir zum Ergebnis, dass etwa 175.000 Kinder pro Jahr die Erfahrung machen, dass ein Elternteil wegen einer psychischen Erkrankung *stationär* psychiatrisch behandelt wird.

Wenn auch die einzelnen Schätzwerte je nach Berechnungsbasis unterschiedlich sind, so können wir doch festhalten, dass eine sehr große Zahl von Kindern von psychisch kranken Eltern betreut und erzogen wird. Dieses Ergebnis steht in einem starken Kontrast zur Vorstellung vieler Kinder von psychisch kranken Eltern, dass nur sie allein in einer extrem ungewöhnlichen Situation leben. Auch hier kann es schon helfen, wenn man weiß, dass sehr viele Menschen psychisch kranke Eltern haben und dass wir deshalb auch viele Erfahrungen darüber haben, wie man mit einer solchen Situation zurechtkommen kann.

Sind psychische Störungen bei Kindern psychisch kranker Eltern häufiger?

Viele Eltern, die unter einer psychischen Erkrankung leiden, machen sich Sorgen, dass sie ihre Krankheit auf ihre Kinder übertragen und dass ihre Kinder dieselbe Krankheit entwickeln. Hierzu ist festzustellen, dass diese Sorgen nicht völlig unbegründet sind, denn bei Kindern von psychisch kranken Eltern ist das Risiko, dass sie dieselbe Krankheit wie die Eltern entwickeln, tatsächlich erhöht.

In der Abbildung 1 ist am Beispiel der Schizophrenie veranschaulicht, wie sich die Erkrankungsrisiken bei unterschiedlichen Konstellationen darstellen: In der Gesamtbevölkerung beträgt das lebenslange Erkrankungsrisiko für Schizophrenie 1 %, d. h., ein Prozent der Gesamtbevölkerung erkrankt im Verlauf des Lebens an einer Schizophrenie. Wenn man nun Kind eines schizophrenen Elternteils ist, erhöht sich im Durchschnitt das lebenslange Erkrankungsrisiko auf 13 %, d. h., es ist im Vergleich zur Allgemeinbevölkerung rund um das Zehnfache höher. Obwohl es sich hier um eine drastische Risikoerhöhung handelt, muss man umgekehrt festhalten, dass die große Mehrheit der Kinder schizophrener Eltern – nämlich rund 90 % – im Verlauf des Lebens keine Schizophrenie entwickelt.

In der Abb. 2 sind entsprechende Zahlen für depressive Störungen dargestellt. Das Lebenszeitrisiko für unipolare Depressionen beträgt in der Gesamtbevölkerung etwa 6 %; bei Kindern von depressiven Eltern ist dieses Erkrankungsrisiko im Vergleich zur Gesamtbevölkerung verdoppelt. Auch hier muss man allerdings immer mitbedenken, dass rund 90 % der

Kinder von depressiven Eltern im Verlauf ihres Lebens keine Depression entwickeln.

Abbildung 1 Lebenslanges Risiko für Schizophrenie (%) bei unterschiedlichen Gruppen (Aus: SCHOSSER u. a. 2006)

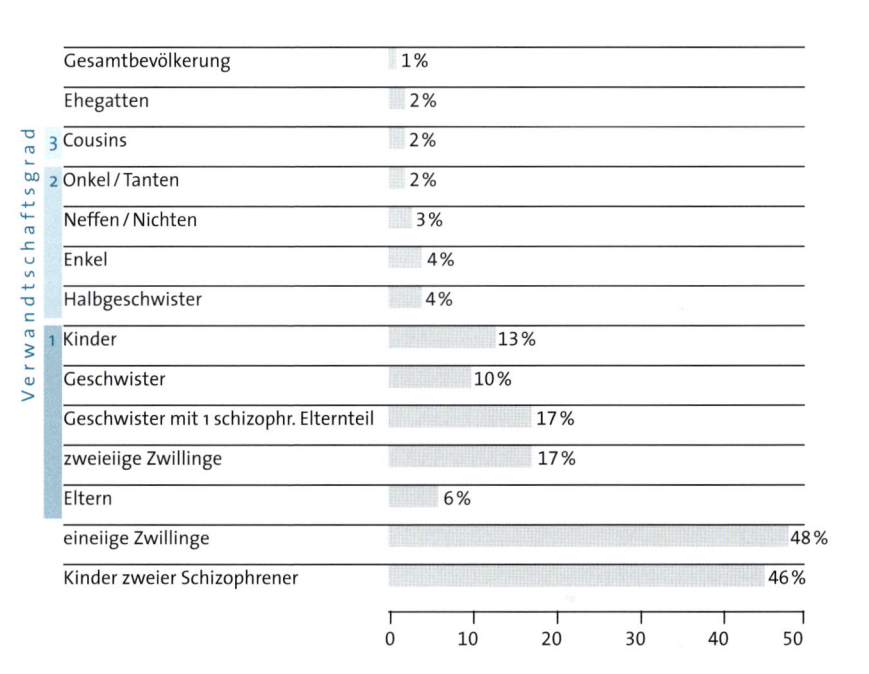

Verwandtschaftsgrad	Gruppe	Risiko
	Gesamtbevölkerung	1 %
	Ehegatten	2 %
3	Cousins	2 %
2	Onkel / Tanten	2 %
	Neffen / Nichten	3 %
	Enkel	4 %
	Halbgeschwister	4 %
1	Kinder	13 %
	Geschwister	10 %
	Geschwister mit 1 schizophr. Elternteil	17 %
	zweieiige Zwillinge	17 %
	Eltern	6 %
	eineiige Zwillinge	48 %
	Kinder zweier Schizophrener	46 %

Bisher haben wir nur gefragt, ob die Kinder von psychisch kranken Eltern im Verlauf ihres Lebens dieselbe Krankheit entwickeln wie ihre Eltern, und am Beispiel von schizophrenen und depressiven Erkrankungen aufgezeigt, wie sich das Risiko für dieselbe Erkrankung erhöht (= spezifisches psychiatrisches Erkrankungsrisiko).

Häufig müssen wir aber leider feststellen, dass die Kinder von psychisch kranken Eltern in ihrer Kindheit und Jugend auch noch andere psychische Auffälligkeiten oder Störungen

Abbildung 2 Lebenszeitrisiko für unipolare Depression bei Verwandten unipolar Depressiver (Aus: SCHOSSER u. a. 2006)

Verwandtschaftsgrad		
	Gesamtbevölkerung	6 %
1	Kinder	11,8 %
	Geschwister	12,9 %
	zweieiige Zwillinge	12,3 %
	Eltern	11,2 %
	eineiige Zwillinge	43 %

0   10   20   30   40   50

entwickeln (= allgemeines psychiatrisches Erkrankungsrisiko). Auch zu dieser Frage gibt es mehrere Untersuchungen; wir wollen hier die neueren Ergebnisse am Beispiel depressiver Störungen beleuchten: Eine Studie (BEARDSLEE 2002, 2003) kommt zum Ergebnis, dass bei Kindern mit einem depressiv erkrankten Elternteil (verglichen mit Kindern von gesunden Eltern) die Wahrscheinlichkeit für psychische Störungen im Kindes- und Jugendalter insgesamt um das Vierfache erhöht ist. Eine andere Studie kommt zum Ergebnis, dass bei Kindern mit einem depressiven Elternteil im Vergleich zu Kindern ohne einen depressiven Elternteil das Risiko für Angststörungen, für schwere (»major«) Depressionen und für Substanzabhängigkeit jeweils um das Dreifache erhöht ist (WEISSMAN u. a. 2006).

Wir können somit die Frage, ob das psychiatrische Erkrankungsrisiko für Kinder psychisch kranker Eltern erhöht ist, sehr klar und eindeutig beantworten:

◻ Bei Kindern psychisch kranker Eltern ist die Gefahr, dass sie selbst eine psychische Störung entwickeln, im Vergleich zur Gesamtbevölkerung deutlich erhöht. In diesem Sinne sind

Kinder psychisch kranker Eltern eine Risikogruppe, die unsere besondere Aufmerksamkeit erfordert.

- Allgemeines Erkrankungsrisiko: Kinder von psychisch kranken Eltern entwickeln im Verlauf ihrer Kindheit relativ häufig psychische Auffälligkeiten bzw. Störungen; bis zu 60 % der Kinder entwickeln irgendeine psychische Auffälligkeit oder Störung. Das allgemeine psychiatrische Erkrankungsrisiko für Kinder psychisch kranker Eltern ist – auch im weiteren Verlauf ihres Lebens – somit relativ hoch.
- Spezifisches Erkrankungsrisiko: Das Risiko, dieselbe psychische Erkrankung zu entwickeln, ist bei den Kindern ebenfalls erhöht. Dabei muss man aber umgekehrt festhalten, dass die überwiegende Mehrheit – nämlich rund 90 % der Kinder – von schizophrenen oder depressiven Eltern im Verlauf ihres Lebens nicht dieselbe Krankheit wie ihre Eltern entwickeln. Das heißt, das spezielle Erkrankungsrisiko ist absolut noch relativ gering (rund 10 %), obwohl es relativ gesehen – im Vergleich zur Gesamtbevölkerung – deutlich erhöht ist.

Die Erhöhung des psychiatrischen Erkrankungsrisikos bei Kindern psychisch kranker Eltern führt uns direkt zur Frage, wie man sich das erklären kann und welche Rollen dabei die Vererbung und die Umwelt spielen.

▰▰ Welche Rolle spielt die Vererbung und welche Rolle spielt die Umwelt?

In den letzten beiden Jahrzehnten hat sich die psychiatrische Genetik sehr dynamisch entwickelt und es wurden viele neue Befunde darüber gewonnen, welche Rolle die Gene bei der Entstehung von psychischen Erkrankungen spielen. In Tabelle 2 wird gezeigt, welche Rolle die Gene bei den verschiedenen psychischen Erkrankungen spielen. Die »Heritabilität« (= Vererblichkeit) gibt an, zu wie viel Prozent eine psychische Störung genetisch verursacht ist (genauer ausgedrückt: Die Heritabilität gibt an, wie viel Prozent der Gesamtvarianz des jeweiligen Merkmals durch den genetischen Faktor erklärbar ist). In der Tabelle sind manchmal Zahlenbereiche angegeben, da verschiedene Studien zu unterschiedlichen Ergebnissen gelangt sind. Wegen dieser Schwankungen können wir zwar nur ungefähre Angaben machen; trotzdem ist eine klare Struktur erkennbar: Bei der Schizophrenie spielt die Vererbung eine sehr große Rolle, bei der manisch-depressiven Erkrankung ist sie etwas geringer, bei Depressionen scheint sie noch geringer zu sein. Insgesamt muss man aber festhalten, dass der Erbfaktor eine sehr große Rolle spielt, bei den meisten psychischen Erkrankungen liegt seine Bedeutung über 50 %.

Tabelle 2 Vererblichkeit psychischer Störungen (nach HEBEBRAND u. a. 2006, S. 4)

Enuresis	67–70 %
Störung des Sozialverhaltens	53 %
Zwangsstörung	47 %
Angststörung	30–40 %
Aufmerksamkeitsdefizit- und Hyperaktivitätsstörung	60–80 %
Anorexia nervosa	48–88 %
Bulimia nervosa	28–83 %
Schizophrenie	73–90 %
Bipolare Störung	60–85 %
Schwere Depression (»major« Depression)	31–42 %

Da der Erbfaktor erwiesenermaßen eine sehr große Bedeutung hat, reagieren viele Menschen entmutigt, weil sie glauben, dass man die Entwicklung von Kindern psychisch kranker Eltern nicht beeinflussen könne, »weil sowieso alles erblich ist«. Dies ist aber eine völlig falsche Auffassung; die wissenschaftlichen Untersuchungen deuten in eine ganz andere Richtung. Wir wollen dies am Beispiel der Depression betrachten:

Bei der Entstehung der Depression spielt ein bestimmtes Gen, das den Serotonin-Stoffwechsel im Gehirn beeinflusst, eine Rolle (Serotonin-Transporter-Gen). Man kann nun bei allen Menschen untersuchen, welche Genausprägungen (= Allele) sie auf diesem Gen haben. Ein Mensch kann entweder zwei kurze Allele (kk) oder zwei lange Allele (ll) oder ein kurzes und ein langes Allel haben (kl). Eine Forschergruppe (CASPI u. a. 2003) hat nun bei über 800 Versuchspersonen untersucht, zu welcher genetischen Gruppe sie gehören. Im Anschluss daran haben die Forscher die Versuchspersonen genau befragt, welche Belastungen sie in ihrem bisherigen Leben erlebt hatten; dabei fragten sie auch danach, ob die Versuchspersonen in ihrer Kindheit misshandelt wurden. Die Abbildung 3 zeigt beispielhaft ein Ergebnis aus dieser Studie.

Es ist daraus ersichtlich, dass es von der genetischen Gruppe abhängig ist, ob Misshandlungen in der Kindheit die Wahrscheinlichkeit für eine Depression im weiteren Leben erhöhen: Die genetischen Gruppen unterscheiden sich nicht, wenn die Kinder nicht misshandelt wurden. Die drei genetischen Gruppen unterscheiden sich aber sehr deutlich, wenn die Probanden in der Kindheit schwer misshandelt wurden: Bei der Gruppe mit zwei langen Allelen wird die Wahrscheinlichkeit für eine depressive Episode nicht erhöht, bei der Gruppe mit zwei kurzen Allelen

Abbildung 3 Wahrscheinlichkeit für eine depressive Episode in Abhängigkeit von der genetischen Gruppe (kk/kl/ll) und Misshandlungen in der Kindheit (Aus: Caspi u. a. 2003)

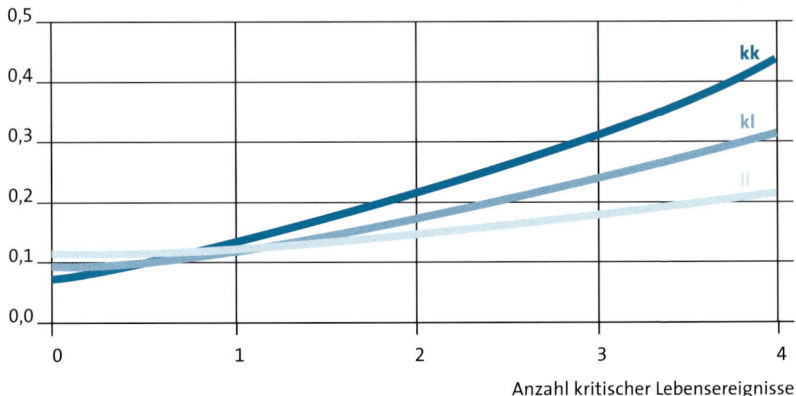

Wahrscheinlichkeit einer depressiven Episode

Anzahl kritischer Lebensereignisse

dagegen erhöht sich die Wahrscheinlichkeit für eine depressive Episode auf über 60 %. Dieses Ergebnis zeigt sehr schön, dass im Falle depressiver Episoden nicht die Depression als solche vererbt wird; es wird vielmehr die Verletzlichkeit (= Vulnerabilität) für bestimmte Umweltbedingungen vererbt:

- Bei einer genetischen Gruppe führen Misshandlungen mit relativ hoher Wahrscheinlichkeit zu Depressionen;
- bei einer genetisch anderen Gruppe haben Misshandlungen keinen Einfluss auf die Depressionswahrscheinlichkeit.

Der genetische Faktor bestimmt also, wie empfindlich oder verletzlich ein Mensch auf bestimmte Umweltbedingungen reagiert. Der Umstand, dass man zu einer genetisch verletzlichen Gruppe gehört, heißt nicht, dass man unweigerlich eine Depression entwickelt; es bedeutet nur, dass man auf bestimmte Umweltbelastungen (Stressfaktoren) empfindlicher reagiert als Menschen mit einer anderen genetischen Ausstattung. Wenn ein Mensch zu einer genetisch verletzlichen Gruppe gehört, dann sind die Umweltbedingungen besonders bedeutsam und es ist besonders wichtig, die Umweltbedingungen so zu gestalten, dass dieser Mensch möglichst wenig verletzt wird.

In der Wissenschaft wird angenommen, dass das Zusammenwirken von genetischen und Umweltfaktoren bei den meisten psychischen Störungen ähnlich ist wie bei der Depression: Die Vererbung bestimmt darüber, ob ein Mensch eine hohe oder geringe Verletzlichkeit hat. Ob er aber eine psychische Erkrankung entwickelt, hängt sehr stark davon ab, ob er verletzenden Umweltfaktoren ausgesetzt ist oder nicht.

Wir können nun die Forschungsergebnisse zur Frage, welche Rolle genetische und Umweltfaktoren bei der Entstehung von psychischen Krankheiten spielen, zusammenfassen:

▫ Bei der Entstehung von psychischen Erkrankungen spielen Erbfaktoren und Umweltfaktoren eine etwa gleich große Rolle.
▫ Die Vorstellung, dass sich genetische Einflüsse immer durchsetzen, ist bei den meisten psychischen Erkrankungen falsch. Richtig ist vielmehr: Es gibt keine Zwangsläufigkeit, sondern eine hohe individuelle Variation. Bei den meisten psychischen Krankheiten wird nicht die Krankheit als solche vererbt, sondern nur die Verletzlichkeit für diese Erkrankung. Dabei kann uns die Wissenschaft in der Regel nur Wahrscheinlichkeitsaussagen liefern.
▫ Auch die Vorstellung, dass die Vererbung überhaupt nicht oder nur durch biologische Eingriffe (z. B. Eingriffe in die Gene, Medikamente) beeinflussbar sei, ist falsch. Das Gegen-

teil ist richtig: Gerade bei Menschen, die eine hohe erblich bedingte Verletzlichkeit haben, sind die Umwelteinflüsse besonders wichtig – sowohl im positiven wie auch im negativen Sinne!
- Die große Bedeutung der Vererbung schmälert also nicht die Bedeutung von Umweltfaktoren. Gerade bei Menschen, bei denen eine erbliche Verletzlichkeit vorliegt, ist es besonders wichtig, negative Umweltfaktoren möglichst zu reduzieren und positive Umweltfaktoren zu stärken.

Eine genaue Analyse der Frage, welche Rolle die Vererbung und welche Rolle die Umwelt spielt, führt uns somit zum Ergebnis, dass wir genauer betrachten müssen, welche Umweltfaktoren für die psychische Entwicklung schädlich und welche Faktoren förderlich sind. Auf dieser Grundlage können wir sinnvoll überlegen, wie wir Kinder psychisch kranker Eltern unterstützen können.

Welche Umweltfaktoren beeinflussen die psychische Entwicklung von Kindern?

Die Forschung hat eine große Zahl von Umweltfaktoren identifiziert, die die psychische Entwicklung von Kindern beeinträchtigen können und durch die die Wahrscheinlichkeit für die Entstehung psychischer und psychosomatischer Erkrankungen erhöht wird. Zu diesen Faktoren zählen:
- niedriger sozioökonomischer Status und Armut,
- Arbeitslosigkeit in der Familie,
- beengte Wohnverhältnisse,
- sexueller Missbrauch,
- Misshandlungen,

- Disharmonie zwischen den Eltern,
- Scheidung oder Trennung der Eltern,
- Betreuung durch einen alleinziehenden Elternteil,
- Verlust von wichtigen Bezugspersonen, insbesondere Verlust der Mutter,
- häufige oder längere Trennung von den Eltern in den ersten sieben Lebensjahren.

In vielen Familien finden sich vereinzelte Risikofaktoren, die aber meistens von Eltern und Kindern gut bewältigt werden können. Wenn sich die Risikofaktoren aber häufen, sind die Belastungen kaum noch zu verkraften und es kommt zu schweren psychischen Beeinträchtigungen. Alle angeführten Risikofaktoren kommen gehäuft vor in Familien mit einem psychisch kranken Elternteil. Kinder in Familien mit einem psychisch kranken Elternteil sind deshalb häufig in doppelter Weise belastet: Aufgrund der Vererbung reagieren sie empfindlicher auf Umweltbelastungen als andere Kinder und häufig wachsen sie zusätzlich unter besonders ungünstigen Bedingungen mit vielen belastenden Umweltfaktoren auf.

Direkte Auswirkungen der Erkrankung ▶ Die Tatsache, bei einem psychisch kranken Elternteil aufzuwachsen, ist ein psychosozialer Risikofaktor im Hinblick auf die seelische Gesundheit des Kindes, da die elterliche Erkrankung direkt zu belastenden Auswirkungen für das Kind führen kann (z.B. Beeinträchtigung der Kinderbetreuung und des Erziehungsverhaltens, Trennung von den Eltern).

Indirekte Auswirkungen durch Häufung psychosozialer Belastungsfaktoren ▶ In Familien mit einem psychisch kranken Elternteil treten oft zusätzliche Faktoren auf, die das Risiko für eine psychische Störung bei Kindern erhöhen. Der Grund liegt darin, dass psychosoziale Belastungen miteinander in Wechselwirkung stehen: Das Vorkommen eines Faktors erhöht die Wahrscheinlichkeit für weitere Faktoren. So führen z. B. psychische Probleme eines Partners häufig zu Ehekonflikten, und umgekehrt werden diese Probleme durch Ehekonflikte verstärkt.

Verstärkung der ungünstigen Effekte bei multiplen psychosozialen Belastungen ▶ Schließlich wirken sich psychosoziale Risikofaktoren, die auch unabhängig von der elterlichen Erkrankung auftreten können, wie z. B. soziale Benachteiligung bei Kindern von psychotischen Eltern, besonders schwerwiegend auf die kindliche Entwicklung aus, da sich die Effekte dieser Faktoren nicht nur einfach addieren, sondern sich gleichsam multiplikativ verstärken.

Förderliche Faktoren ▶ Umgekehrt konnten durch wissenschaftliche Untersuchungen auch die Faktoren herausgearbeitet werden, die für eine positive Entwicklung der Kinder förderlich sind:
- wenn die Kinder wissen, dass ihre Eltern krank sind und sie nicht an dieser Erkrankung schuld sind;
- eine sichere und stabile häusliche Umgebung trotz der Erkrankung des Elternteils;
- das Gefühl, auch vom kranken Elternteil geliebt zu werden;
- eine gefestigte Beziehung zu einem gesunden Erwachsenen;
- Freunde;
- Interesse an der Schule und Erfolg in der Schule;
- Interessensgebiete des Kindes außerhalb der Familie;
- individuelle Ressourcen: Bewältigungsstrategien, positives Selbstwertgefühl;
- Hilfe von außerhalb der Familie, zum richtigen Zeitpunkt und in der richtigen Dosierung, um die Situation zu verbessern.

Die wissenschaftliche Untersuchung von Kindern psychisch kranker Eltern hat somit eine Vielzahl von Faktoren identifiziert, die die Entwicklung dieser Kinder beeinflussen. Um einen Überblick über die Vielzahl der Faktoren zu gewinnen, haben wir ein Modell entwickelt, in dem die wichtigsten Faktoren zusammengefasst werden und das der Orientierung dienen kann. Damit sich Kinder von psychisch kranken Eltern möglichst störungsfrei entwickeln können, müssen zwei Faktorenkomplexe berücksichtig werden:

▫ Können sich der erkrankte Elternteil und das betroffene Kind auf stabile, tragfähige und Sicherheit vermittelnde interpersonale Beziehungen stützen? Tragfähige Beziehungen sind solche, die emotional, kognitiv und praktisch unterstützende Funktionen erfüllen können und in denen gleichermaßen Bindung wie auch Eigenständigkeit möglich sind.

▫ Sind die Versuche zur Krankheitsbewältigung hinreichend und adäquat? Zur Krankheitsbewältigung gehören die innere Einstellung zur Erkrankung und dabei aktualisierte Bewältigungsformen (Verleugnung vs. Überbewertung, Überforderung vs. Unterforderung), die lebenspraktische familiale Organisation und Aufgabenverteilung, die Nutzung von informellen Hilfsmöglichkeiten, die Anpassung der beruflichen bzw. schulischen Situation an die Erkrankung und die Zusammenarbeit mit den Fachinstanzen der Psychiatrie, der Jugendhilfe und anderen.

MERKE Kinder psychisch kranker Eltern haben dann gute Entwicklungschancen, wenn Eltern, Angehörige und Fachleute lernen, in sinnvoller und angemessener Weise mit der Erkrankung umzugehen, und wenn sich die erkrankten Eltern und ihre Kinder auf tragfähige Beziehungen stützen können.

Wie erleben Eltern und Kinder ihre Situation?

Ein sinnvolles Präventionskonzept setzt voraus, dass wir uns mit den konkreten Problemen vertraut machen, so wie sie von den Eltern und ihren Kindern erlebt werden. Wir wollen hier genauer betrachten, wie die Kinder ihre Situation wahrnehmen.

Desorientierung ▸ Sie sind geängstigt und verwirrt, weil sie die Probleme der Eltern nicht einordnen und nicht verstehen können.

Schuldgefühle ▸ Sie glauben, dass sie an den psychischen Problemen der Eltern schuld sind: »Mama ist durcheinander, weil ich böse war und weil ich mich nicht genug um sie gekümmert habe.«

Tabuisierung (Kommunikationsverbot) ▸ Sie haben den – meist begründeten – Eindruck, dass sie über ihre Familienprobleme mit niemandem sprechen dürfen. Sie haben die Befürchtung, dass sie ihre Eltern verraten, wenn sie sich an Personen außerhalb der Familie wenden.

Isolierung ▸ Sie wissen nicht, an wen sie sich mit ihren Problemen wenden können, und haben niemanden, mit dem sie darüber sprechen können. Das heißt, sie sind alleingelassen.

Betreuungsdefizit ▸ Sie erhalten zu wenig Aufmerksamkeit und Zuwendung, und ihnen fehlt die notwendige elterliche Führung bzw. Anleitung, weil die Eltern schon mit ihren eigenen Problemen überfordert sind.

Zusatzbelastungen ▸ Sie sind durch zusätzliche Aufgaben (z. B. Haushaltsführung bei Klinikaufenthalten) belastet, sodass ihre eigenen Bedürfnisse in den Hintergrund treten.

Verantwortungsverschiebung (Parentifizierung) ▸ Sie fühlen sich für die Eltern und die Familie verantwortlich und übernehmen teilweise elterliche Funktionen (z. B. psychische Stabilisierung der

Eltern, Elternrolle gegenüber den Geschwistern), mit denen sie überfordert sind.

Abwertungserlebnisse ▶ Sie erleben, dass ihre Eltern und sie selbst von außenstehenden Personen (z. B. Freunden) abgewertet werden.

Loyalitätskonflikt innerhalb der Familie ▶ Sie werden in Konflikte zwischen den Eltern einbezogen und haben dabei den Eindruck, sich für einen Elternteil entscheiden zu müssen.

Loyalitätskonflikt nach außen hin ▶ Sie schämen sich vor Freunden und Bekannten für ihre Eitern und sind zwischen Loyalität und Distanzierung hin- und hergerissen.

Welche Aufgabe haben die Fachleute?

Eine psychische Erkrankung kann sehr unterschiedlich verlaufen: von einmaligen kurzen Krankheitsepisoden mit anschließender vollständiger Genesung bis zu chronischen Verläufen mit anhaltenden und schwerwiegenden Beeinträchtigungen. Der Verlauf der Krankheit ist nicht nur von der Schwere der Erkrankung, sondern auch vom Verhalten der Patienten selbst abhängig und von der Unterstützung, die der Patient von seinen Angehörigen und durch Fachleute erhält. Je besser eine psychische Erkrankung bewältigt werden kann, umso geringer werden ihre Auswirkungen auf die Familie insgesamt und die Kinder sein. Aber selbst dann, wenn die elterliche Erkrankung nur teilweise abgemildert oder kompensiert werden kann, ist es möglich, negative Auswirkungen auf die Kinder weitgehend zu vermeiden oder zumindest zu begrenzen. Solche vorsorgenden und schützenden (präventiven) Maßnahmen umfassen eine breite Palette von Möglichkeiten.

Damit sind die wichtigsten Aufgabenstellungen und Zielsetzungen angesprochen, aus denen sich die notwendigen Hilfen ableiten lassen:

Hilfen zur Bewältigung der elterlichen Erkrankung

- individuelle Therapie (z. B. medikamentös, Psychotherapie) auf der Grundlage ausführlicher Information (Transparenz),
- Hilfe bei der Gestaltung des Familienlebens und anderer persönlicher Beziehungen (z. B. Angehörigengruppen),
- Beratung und praktische Hilfen bei der beruflichen Rehabilitation.

Prävention und Frühförderung für die Kinder

- kindbezogene Information und Beratung für die Eltern (z. B. durch klinische Kooperationsprojekte zwischen Erwachsenen- und Kinderpsychiatrie),
- praktische Hilfen für die Familie (z. B. Aktivierung von Verwandten, entlastende Kinderbetreuung, sozialpädagogische Familienhilfe, Mutter-Kind-Einheiten),
- Entwicklungsförderung für die Kinder (z. B. Frühdiagnostik und Frühförderung der Kinder, Kinderprojekte, psychotherapeutische Hilfen).

Was sollten Eltern wissen?

Oft quälen sich die Eltern mit den Fragen, ob sie ihre Erkrankung an die Kinder weitervererben und ob die Kinder unter den Folgen der Erkrankung leiden. Häufig grübeln die Eltern darüber nach, machen sich vielleicht sogar Vorwürfe und haben Schuldgefühle. Diese Sorgen sind gut zu verstehen und auch nicht unberechtigt, denn Kinder von psychisch kranken Eltern haben häufiger als andere Kinder selbst mit psychischen Problemen zu kämpfen und sie haben auch ein erhöhtes Risiko, psychisch zu erkranken.

Dieses erhöhte Risiko ist darauf zurückzuführen, dass manche Kinder von psychisch erkrankten Eltern selbst von Geburt an etwas labiler sind als andere Kinder (erblich erhöhte Anfälligkeit und Verletzlichkeit), aber auch darauf, dass die Kinder, für die keine Vorsorge getroffen wurde, unter den Folgen der elterlichen Erkrankung leiden (z. B. an der Trennung von der Mutter durch einen Klinikaufenthalt). Diese Erkenntnisse dürfen jedoch nicht überbewertet werden. Kinder psychisch Kranker müssen keine psychischen Probleme entwickeln. Die Forschung liefert uns nur Wahrscheinlichkeitsaussagen. Die Mehrzahl der Kinder von Eltern mit psychischen Erkrankungen entwickelt sich ganz normal: Rund 90 % der Kinder von Eltern mit einer psychotischen Erkrankung entwickeln in ihrem späteren Leben keine Psychose! Und es kann viel getan werden, um Nachteile für die Kinder zu vermeiden und ihre psychische Stabilität zu stärken. Am allermeisten können dabei die Eltern selbst für die Kinder tun; Fachleute können nur eine beratende und unterstützende Rolle spielen.

▬ ▬ Was können Eltern tun?

Das Wichtigste – die körperliche und seelische Verfassung der Eltern ▸ Je besser unsere eigene körperliche und seelische Verfassung ist, je besser es uns also geht, umso eher können wir auch etwas Gutes und Sinnvolles für die Kinder tun. Deshalb ist es wichtig, dass wir zunächst darauf achten, wie es uns selbst geht. Wir können den Kindern dann am besten helfen, wenn wir von uns nur das erwarten, was wir auch wirklich leisten können.

Probleme der Kinder ▶ Alle Kinder haben von Zeit zu Zeit Probleme und zeigen schwierige Verhaltensweisen, über die sich die Eltern wundern, Sorgen machen oder ärgern. Solche ganz normalen Entwicklungsprobleme gibt es in allen Familien. In Familien mit einem psychisch erkrankten Elternteil haben die meisten Probleme der Kinder überhaupt nichts mit der Erkrankung der Eltern zu tun.

Unsicherheit der Eltern ▶ Viele Eltern fühlen sich in der Erziehung unsicher und gehen besonders vorsichtig mit ihren Kindern um, und wieder andere überlegen sich, wie sie die Probleme »gutmachen« können, und verwöhnen die Kinder dann besonders. Eine besonders vorsichtige Behandlung der Kinder ist aber nicht notwendig: Wir helfen den Kindern am besten, wenn wir sie ganz normal (wie auch sonst immer) behandeln, nicht mehr und nicht weniger von ihnen verlangen, genauso streng und nachgiebig sind wie sonst usw. Denn: Alle Kinder müssen lernen, auch mit schwierigen Situationen fertig zu werden, und sie können dies auch. In der Regel brauchen Kinder deshalb keine besondere Rücksicht, keine besondere Vorsicht und keine besonderen Hilfen. Wir müssen nicht Probleme in sie »hineinsehen«, die sie gar nicht haben. Es ist also wichtig, dass die Eltern ihre Sicherheit wiedergewinnen. Wenn man sich aber in manchen Fragen unsicher fühlt, hilft es, dies mit dem Partner oder mit anderen Vertrauenspersonen oder Fachleuten zu besprechen.

Organisatorische Fragen ▶ Viele Eltern mit einer psychischen Erkrankung meinen, dass sie auch während ihrer Erkrankung in der Kinderversorgung ganz genauso weitermachen müssten wie immer. Das ist aber nicht notwendig und oft auch nicht realistisch, weil die Eltern etwas mehr auf sich selbst achten müssen. Deshalb kann es sinnvoll sein, dass manche Dinge im Familienleben umgestellt werden: Man muss nicht immer »genauso weitermachen«. Das Familienleben kann trotzdem so organisiert werden, dass es den Bedürfnissen der Kinder gerecht wird. Dabei ist es wichtig, dass die Eltern sich zugestehen, dass sie die Unterstützung von Ämtern und Einrichtungen in Anspruch nehmen können und dürfen.

Kontakte der Kinder zu anderen ▸ Wenn sich Eltern mit einer psychischen Erkrankung zeitweilig nicht so um ihre Kinder kümmern können, wie sie es gerne täten oder wie sie es von früher gewohnt sind, machen sie sich manchmal Sorgen darüber, dass die Kinder ihnen »entgleiten« oder den Kontakt zu ihnen verlieren und sich andere Vertrauenspersonen suchen. Diese Angst ist ungerechtfertigt: Je mehr Vertrauenspersonen ein Kind hat, auf die es sich stützen kann, umso besser ist dies für das Kind. Die Befürchtung, dass die Eltern dadurch »unwichtiger« werden, ist nicht begründet. Kinder können gut damit zurechtkommen, dass ihre Eltern nicht uneingeschränkt zur Verfügung stehen, wenn sie noch andere Menschen haben, auf die sie vertrauen können: Kinder brauchen verlässliche Beziehungen zu mehreren Erwachsenen und auch gute Kontakte zu Gleichaltrigen.

Das Verständnis der Kinder ▸ Kinder haben Schwierigkeiten, wenn es Dinge in der Familie gibt, die sie irgendwie bemerken, aber nicht besprechen können. Dann machen sie sich Gedanken und sorgen sich um ihre Eltern. Manchmal meinen sie sogar, sie seien schuld an den Problemen der Eltern. Dinge, über die man nicht sprechen kann, wirken bedrohlich, weil man sie nicht einschätzen kann. Kinder können mit psychischen Problemen von Eltern zurechtkommen, wenn sie die Probleme richtig einschätzen und wenn sie verstehen, wie alles zusammenhängt. Es ist deshalb wichtig, dass ihnen erklärt wird, unter welcher Krankheit ihr Vater oder ihre Mutter leidet und wie sich diese Krankheit äußert. Meistens genügt eine kurze Erklärung, das Wichtigste ist in wenigen Minuten gesagt. Ein Kind sollte wissen, dass es Fragen stellen darf und dass es jemanden hat, mit dem es seine Sorgen besprechen kann.

Literatur

BEARDSLEE, W. R.; GLADSTONE, T. R. G.; WRIGHT, E. J; COOPER, A. B. (2003): A family-based approach to the prevention of depressive symptoms in children at risk: Evidence of parental and child change. In: Pediatrics 112, S. 119–131.

BEARDSLEE, W. R (2002): Out of the darkened room. When a parent is depressed. Protecting the children and strengthening the family. Boston, New York, London.

BERGER, M. (2004): Die Versorgung psychisch Erkrankter in Deutschland. In: Nervenarzt 75, S. 195–204.

Bundespsychotherapeutenkammer (Hg.) (2007): BPtK-Newsletter. Ausgabe I/2007, Februar, S. 3–4.

CASPI, A.; SUGDEN, K.; MOFFITT, T. E. u. a. (2003): Influence of life stress on depression: Moderation by a polymorphism in the 5-HTT gene. In: Science 301, S. 386–389.

GURNY, R.; CASSEE, K.; GAVEZ, S.; LOS, B.; ALBERMAN, K. (2007): Vergessene Kinder? Kinder psychisch kranker Eltern. Winterthurer Studie. Kurzfassung. FH Zürich.

HEBEBRAND, J.; REICHWALD, K.; GRAF SCHIMMELMANN, B.; HINNEY, A. (2006): Identifying genes underlying child and adolescent psychiatric disorders. In: GARRALDA, M. E.; FLAMENT, M. (Hg.): Working with children and adolescents. An evidence-based approach to risk and resilience. Lanham (Maryland, USA), S. 1–44.

SCHOSSER, A.; KINDLER, J.; MOSSAHEB, N.; ASCHAUER, H. N. (2006): Genetische Aspekte affektiver Erkrankungen und der Schizophrenie. In: Journal für Neurologie, Neurochirurgie und Psychiatrie 7 (4), S. 19–24. Abgerufen 25.02.2008 bei: http://www.kup.at/kup/pdf/6160.pdf

SCHULTE-KÖRNE, G.; ALLGAIER, K. (2008): Genetik depressiver Störungen. In: Zeitschrift für Kinder- und Jugendpsychiatrie und Psychotherapie 36 (1), S. 27–43.

WEISSMAN, M. M.; WICKRAMARATNE, P.; NOMURA, Y.; WARNER, V.; PILOWSKY, D.; VERDELI, H. (2006): Offspring of depressed parents: 20 years later. In: American Journal of Psychiatry 163 (3), S. 1001–2006a.

Kinder und ihre Familien gezielt unterstützen

Albert Lenz

Das Zusammenleben mit einem psychisch kranken Elternteil stellt für Kinder ein kritisches Lebensereignis dar. Mit diesem Begriff werden in der Stressforschung zeitlich andauernde Ereignisse bezeichnet, die mit großen Belastungen und einschneidenden Änderungen und Neuanpassungen verbunden sind. Ein kritisches Lebensereignis, wie die psychische Erkrankung eines Elternteils, geht einher mit einer großen Zunahme an zusätzlichen alltäglichen Anforderungen, Konflikten und Spannungen, sowohl innerhalb der Familie als auch im sozialen Umfeld, in der Schule und in den Peerbeziehungen. Es kommt also zu einer Anhäufung von belastenden Situationen, die in Dauer, Intensität und zeitlicher Abfolge unterschiedlich verlaufen, sich wechselseitig beeinflussen und verstärken können. Aus Untersuchungen an Kindern geht hervor, dass sich durch die Häufung von Stressereignissen und durch Dauerstress das Risiko für die Entwicklung von gesundheitlichen Beschwerden, psychischen Störungen und Verhaltensauffälligkeiten erhöht.

Wie können Kinder die Belastungen bewältigen?

Wie die Stressforschung in einer Vielzahl von Studien zeigen konnte, üben nicht die Häufigkeit und die Intensität der einzelnen Stressperioden den entscheidenden Einfluss auf das Belastungserleben aus, sondern die Art und Weise, wie die Belastungen bewältigt werden. Der Umgang mit stressreichen und belastenden Lebensumständen hängt wesentlich davon ab, welche Mittel und Wege vorhanden sind, d. h., welche personalen und sozialen Schutzfaktoren (Ressourcen) verfügbar und mobilisierbar sind, um die Belastungen erfolgreich bewältigen zu können. Starke Ressourcen befähigen das Kind, die Probleme und Belastungen erfolgreich zu bewältigen. Schwache Ressourcen machen das Kind hingegen verletzlich bzw. empfänglich für Belastungen und für physische und psychische Beschwerden, die von Problemen in der Schule oder in der Freizeit bis hin zu Bauchschmerzen und Ängsten reichen können (vgl. den Beitrag von Fritz Mattejat in diesem Buch).

Welche Schutzfaktoren gibt es?

Durch wissenschaftliche Studien konnte eine Reihe von Ressourcen identifiziert werden, die als generelle Schutzfaktoren für eine gesunde psychosoziale Entwicklung von Kindern wirken. Sie lassen sich unterteilen in Schutzfaktoren aufseiten des Kindes (personale Ressourcen) und Schutzfaktoren aufseiten der Umwelt des Kindes (familiäre und soziale Ressourcen). Diese Schutzfaktoren stärken die psychische Widerstandskraft von Kindern. Schutzfaktoren werden wirksam, indem sie die Belastungen durch die Veränderung der stressreichen Lebensumstände oder deren Intensität abschwächen, negative Folgereaktionen reduzieren sowie Selbstachtung und Selbstzufriedenheit aufbauen bzw. stärken. Die Schutzfaktoren senken dabei nicht nur das Risiko von Erkrankungen und Störungen, sondern fördern ganz generell die psychosoziale Anpassung und Gesundheit der Kinder.

Angesichts der zentralen Bedeutung der Schutzfaktoren für die Bewältigung von Belastungen und für die psychische und physische Gesundheit liegt es nahe, die Aktivierung und Stärkung der personalen, familiären und sozialen Ressourcen in den Mittelpunkt der Unterstützungsangebote für die Kinder psychisch kranker Eltern zu stellen.

▬ ▬ Wie kann ich die personalen Schutzfaktoren aktivieren?

Unter personalen Schutzfaktoren (Ressourcen) werden Handlungsmuster und persönliche Fähigkeiten und Fertigkeiten sowie Kräfte der Person verstanden. Hierzu gehören: Selbstwertgefühl und Selbstwirksamkeit, das Gefühl, Kontrolle über die Umwelt ausüben zu können, sowie Problemlösekompetenz.

Dabei kommt insbesondere der Stärkung des Selbstwertgefühls und der Selbstwirksamkeit der Kinder eine große Bedeutung zu. Positive Selbstwertkonzepte spielen bei der Bewältigung von alltäglichen Anforderungen und Stress eine zentrale Rolle. Sie beeinflussen wesentlich sowohl den Umgang mit dem kritischen Lebensereignis und den damit einhergehenden Spannungen und Konflikten als auch die Art und Weise, wie bzw. ob Unterstützung durch die Familie und das soziale Umfeld mobilisiert werden kann.

Mit der inhaltlichen Ressourcenaktivierung ist das gezielte Ansprechen von Stärken und Fähigkeiten gemeint. Wird das Kind durch aktives Zuhören und intensives Nachfragen ermutigt, ausführlich von seinen Hobbys oder Freizeitaktivitäten zu erzählen, lernt es, dass es sich kompetent in die Gesprächssituation einbringen kann, und macht in einer weitgehend ausgeglichenen Beziehungskonstellation Selbstwirksamkeits- und Kompetenzerfahrungen.

Im Rahmen einer aktionalen Aktivierung des Selbstwertgefühls wird dem Kind die Möglichkeit gegeben, seine Stärken und Fähigkeiten direkt zu zeigen. Man kann es z. B. bitten, seine Fertigkeiten vorzuführen oder eines seiner Hobbys anhand mitgebrachter Materialien und Fotos anschaulich darzustellen. Die besondere Wirkung der aktionalen Ressourcenaktivierung liegt darin, dass das Kind seine Kompetenzen zeigen und damit seine Selbstwirksamkeit durch eigenes Handeln bzw. durch Medien und Gegenstände unmittelbar demonstrieren kann.

> **TIPP** Stärken Sie das Selbstwertgefühl der Kinder durch gezieltes Ansprechen von Begabungen und Fähigkeiten. Geben Sie ihnen Gelegenheit, ihre Fertigkeiten oder Hobbys vorzuführen.

Dieser Form der Aktivierung der Schutzfaktoren kommt in der Ressourcenarbeit im Kindesalter deshalb eine so große Bedeutung zu, weil dem Gebrauch der Sprache oftmals noch kognitive und emotionale Grenzen gesetzt sind. Viele Kinder können und wollen nicht über alles sprechen, was sie bewegt und worauf sie stolz sind. Was immer Kinder auf der Handlungsebene kreieren, sie liefern damit spielerisch Bilder von ihrem gegenwärtigen Erleben, ihren Gedanken und Vorstellungen, von erlebten und verborgenen Ressourcen.

▬ ▬ Die Bedeutung eines Krisenplans

Die Erstellung eines Krisenplans stellt eine weitere Möglichkeit dar, die Selbstwirksamkeit des Kindes und der Eltern zu fördern. Durch verbindliche Absprachen, an wen sich ein Kind in Krisenzeiten wenden kann, und wann, in welcher Form und in welchem Umfang die Vertrauensperson Hilfe und Unterstützung leisten kann bzw. soll, wird eine Krisensituation für alle Beteiligten handhabbarer und eher zu bewältigen. Für Kinder bietet ein schriftlich fixierter Krisenplan in eskalierenden Krisensituationen neben Schutz und Sicherheit vor allem die Möglichkeit, sich in familiären Belastungssituationen auf eine vertraute Person stützen zu können, ohne in größere Loyalitätskonflikte zu rutschen oder Schamgefühle und Ängste zu entwickeln.

> **TIPP** Ein schriftlich fixierter Krisenplan bietet Kindern Halt in Krisensituationen. Er sollte die Vertrauensperson benennen und beschreiben, wie diese für das Kind in der Krise erreichbar ist (Telefonnummer, Adresse). Es muss genau festgelegt werden, wie sich das Kind an die benannte Person wenden kann.

Für die erkrankten Eltern schaffen solche verbindlichen Absprachen Entlastung von Schuldgefühlen und Sorgen in Bezug auf die Versorgung der Kinder.

Förderung der Problemlösekompetenz

Kinder psychisch kranker Eltern sind im Alltag mit verschiedenen Problemen in der Familie, in der Schule, im Wohnumfeld und im Kontakt mit Gleichaltrigen konfrontiert, für deren Bewältigung sie aktive Hilfe und gezielte Unterstützung benötigen. Eine unangemessene Bewältigung solcher Probleme kann langfristig zu einer Häufung von Belastungen führen und das Risiko für die Entwicklung psychischer Störungen erhöhen.

Die Verfügbarkeit von Problemlösekompetenz stellt eine übergreifende Form des Bewältigungshandelns dar. Problemlösekompetenz verbessert die Anpassungsfähigkeit der Person in akuten Belastungssituationen und befähigt sie, in neuen oder bislang ungewohnten Belastungssituationen mit Anforderungen besser fertig zu werden. Es handelt sich dabei um einen Prozess, in dem verschiedene angemessene Lösungsmöglichkeiten für Probleme erzeugt werden, von denen die beste ausgewählt und eingesetzt wird.

MERKE Eine erste wichtige Voraussetzung für ein problemlösungsorientiertes Vorgehen ist das Erkennen und das Beschreiben eines Problems.

Es stellt sich zunächst die Frage, ob das Kind ein Problem selbst wahrnehmen und benennen kann oder ob es andere Personen zum Ausdruck bringen. Zur Wahrnehmung eines Problems gehören des Weiteren die Benennung einer Unzufriedenheit mit einem Zustand und die Fähigkeit, diesen Zusammenhang zu äußern, sowie der Wunsch nach Änderung der unbefriedigenden Situation. Eine zweite wichtige Voraussetzung besteht in der Fähigkeit, eine Verbindung zwischen dem beschriebenen Problem, ihren bisherigen Lösungsstrategien, alternativen Lösungswegen und den von ihnen gewünschten Zielen herzustellen.

Verschiedene Stressbewältigungs- und Therapieprogramme für Kinder enthalten detailliert ausgearbeitete Problemlösemodule, die auch in der Arbeit mit Kindern psychisch kranker Eltern eingesetzt werden können und eine wirksame Möglichkeit zur Förderung und Stärkung der Problemlösekompetenz bieten. Durch das strukturierte Vorgehen anhand von einzelnen Teilschritten und anschaulichen Arbeitsmaterialien können Kinder grundlegende Problemlösefertigkeiten einüben und durch entsprechende Unterstützung allmählich auf die reale Situation übertragen lernen.

BEISPIEL Das Kind wird in der Schule wegen seiner psychisch kranken Mutter gehänselt und streitet sich deshalb häufig mit anderen Kindern. Welche Lösungen gibt es? Das Kind wird angeregt, über verschiedene Lösungsmöglichkeiten nachzudenken. Gemeinsam werden die einzelnen Lösungsmöglichkeiten nach ihren Vor- und Nachteilen bewertet. Die ausgewählte Lösung soll nun in die Tat umgesetzt und anschließend gemeinsam überprüft werden. ■

Wie kann ich familiäre Schutzfaktoren aktivieren?

Neben der Paarbeziehung zählt die elterliche Erziehungskompetenz zu den zentralen Familienressourcen. Einer Stärkung und Förderung dieser Ressource kommt in Familien mit einem psychisch kranken Elternteil ein besonders hoher Stellenwert zu. Durch die schwierigen familiären Lebensumstände sowie die Belastungen und emotional-kognitiven Einschränkungen, die mit einer akuten Krankheitsphase oftmals einhergehen, ist insbesondere die Erziehungskompetenz des erkrankten Elternteils meist stark beeinträchtigt. Hinzu kommen oft eine große Verunsicherung und Unsicherheit in Bezug auf Erziehung und erzieherische Praktiken. Psychisch kranke Eltern erleben sich häufig als erziehungsinkompetent und haben das Gefühl, aufgrund ihrer Erkrankung ihren Kindern keine ausreichende Förderung bzw. Versorgung zukommen lassen zu können.

Durch eine Verbesserung des Erziehungsverhaltens können psychisch kranke Eltern in die Lage versetzt werden, die Grundbedürfnisse der Kinder besser zu befriedigen und sie bei der Bewältigung von Belastungen, alltäglichen Anforderungen und anstehenden Entwicklungsaufgaben kompetenter zu unterstützen. Studien zeigen, dass durch eine Erziehung, die getragen ist von Zuneigung und emotionaler Wärme sowie von klaren, erklärbaren Regeln und die darüber hinaus entwicklungsadäquate Anregungsbedingungen bereitstellt, sich Kinder zu selbstbewussten, emotional stabilen und sozial kompetenten Personen entwickeln. Die mittlerweile vorliegenden Programme zur Förderung der Erziehungskompetenz sind zwar nicht spezifisch auf die Lebenssituation psychisch kranker Eltern zugeschnitten und berücksichtigen daher nicht ausreichend ihre spezifischen Belange und aktuellen Problemlagen, sie bieten aber für die Praxis einen geeigneten konzeptionellen Rahmen und zahlreiche hilfreiche methodische Ansatzpunkte für eine gezielte Stärkung von Elternkompetenzen. Beispielhaft sei hier »Freiheit in Grenzen« genannt – ein Programm zur Förderung der Erziehungskompetenz auf CD-ROM.

Wie kann ich soziale Schutzfaktoren aktivieren?

Soziale Schutzfaktoren sind die Gesamtheit der einer Person zur Verfügung stehenden, von ihr genutzten oder beeinflussten Merkmale des sozialen Handlungsraums. Gemeint ist damit in erster Linie das Geflecht an sozialen Beziehungen zu Verwandten, Freunden und Bekannten, in das die Person eingebunden ist. Eine gezielte Aktivierung sozialer Ressourcen sollte erfolgen, wenn deutlich wird, dass die familiären und anderen relevanten Bezugspersonen des Kindes die Bindungs- und Kontaktbedürfnisse nicht in einem ausreichenden Maße erfüllen und die notwendige soziale Unterstützung für das Kind und seine Familie nicht verfügbar ist. Es liegt mittlerweile ein breit gefächertes Repertoire an Methoden zur Förderung sozialer Ressourcen vor, die in zwei große Bereiche unterteilt werden können:

Strategien zur unmittelbaren Netzwerkförderung

Diese Verfahren beziehen sich auf die alltäglichen Beziehungsstrukturen der Personen und bemühen sich um das Stiften neuer bzw. zusätzlicher sozialer Zusammenhänge und Unterstützungssysteme. Netzwerkförderung ist besonders dann wichtig, wenn die betroffenen Kinder und ihre Familien über keine stabilen Kontakte und Bezüge verfügen, die soziale Unterstützung und Rückhalt vermitteln können, und wenn sie vielleicht sogar unter Einsamkeit und sozialer Isolation leiden, weil infolge der Erkrankung des Elternteils wichtige Beziehungssegmente – beispielsweise Freundschaften – auseinandergebrochen sind.

Die Netzwerkkonferenz stellt eine zentrale Strategie zur unmittelbaren Netzwerkförderung dar. Die Kinder und Eltern sprechen eine Einladung an diejenigen Personen aus, die an der Lösung der bestehenden Probleme mitarbeiten sollen. Meist sind dies Personen aus der erweiterten Familie und der Verwandtschaft sowie aus dem engeren Freundes- bzw. Bekanntenkreis oder Erzieherinnen und Lehrer. Das Ziel der Netzwerkkonferenz ist, Bezugspersonen und andere wichtige Personen aus dem sozialen Umfeld zusammenzuführen und nicht oder nur wenig genutzte bzw. verloren gegangene Kommunikationskanäle zu fördern sowie emotionale und instrumentelle Unterstützungspotenziale im sozialen Netzwerk zu aktivieren, beispielsweise in Form von Patenschaften (vgl. den Beitrag von Ortrud Beckmann in diesem Band).

▬ ▬ Neubildung von Gruppen

Eine Gruppe ist oft Mittelpunkt und zugleich Auslöser sowohl für individuelle als auch für soziale Prozesse zur Förderung und Initiierung sozialer Ressourcen. Wenn es sich zeigt, dass Kinder neben Kontakten und sozialer Unterstützung auch einen Schutzraum benötigen, der ihnen Sicherheit und ein Gefühl der Zugehörigkeit vermittelt, in dem sie sich emotional öffnen, über Probleme reden und neue Kommunikationsmuster erproben können, sollten Gruppenangebote genutzt werden.

Relativ große Verbreitung im deutschsprachigen Raum hat das Auryn-Gruppenkonzept für 7- bis 14-jährige Kinder gefunden, das ursprünglich in der Psychiatrischen Universitätsklinik Freiburg entwickelt und erprobt wurde (vgl. den Beitrag von Ines Lägel in diesem Band). Neben der Stärkung der emotionalen Wahrnehmung, der Entlastung von Schuldgefühlen und der Vermittlung eines Gefühls von Zugehörigkeit und Solidarität durch den Kontakt mit ähnlich Betroffenen sind vor allem die Enttabuisierung des Themas psychische Erkrankung der Eltern und die Informationsvermittlung zu psychischen Krankheiten zentrale Ziele des Gruppenangebots. Ziel der parallel stattfindenden Elternarbeit ist, über die Inhalte der Gruppenarbeit zu informieren, den gegenseitigen Austausch über die besonderen Bedingungen der Elternschaft zu fördern, Verständnis für die kindlichen Bedürfnisse und Perspektiven zu stärken und Selbsthilfepotenziale der Eltern zu aktivieren.

Mittlerweile hat sich die Versorgungssituation im deutschsprachigen Raum zwar deutlich verbessert, flächendeckend stehen allerdings Hilfen für Kinder und ihre psychisch kranken Eltern immer noch nicht zur Verfügung. Auch wenn sie oft keine spezifischen Hilfen anbieten, sind Erziehungsberatungsstellen aber eine gute Anlaufstelle für Fragen und Probleme.

Literatur

BEYER, A.; LOHAUS, A. (2006): Stressbewältigung im Jugendalter. Ein Trainingsprogramm. Göttingen.
LENZ, A. (2005): Kinder psychisch kranker Eltern. Göttingen.
LENZ, A. (2008): Interventionen bei Kindern psychisch kranker Eltern. Grundlagen, Diagnostik und therapeutische Maßnahmen. Göttingen.
SEIFFGE-KRENKE, I.; LOHAUS, A. (Hg.) (2007): Stress und Stressbewältigung im Kindes- und Jugendalter. Göttingen.

Welche Hilfen sind sinnvoll und wie lassen sich die Hilfen für eine Familie verbinden?

Michael Franz

Trotz schwankender Angaben in der Literatur kann davon ausgegangen werden, dass etwa 30 % aller stationär in der Psychiatrie aufgenommenen Patienten Eltern minderjähriger Kinder sind. In einer eigenen Untersuchung fanden wir bei 216 Angehörigen, die von neu aufgenommenen Patienten in der Psychiatrie als bedeutsamster Versorger in Krisensituationen bezeichnet wurden, 10 % Kinder. Wenn man von 1.057.564 wegen psychischer und Verhaltensstörungen stationär in deutschen Kliniken behandelten Patienten ausgeht, lässt sich die Schätzung von Remschmidt und Mattejat unterstützen, die allein bei schizophrenen und affektkranken Patienten mit mindestens 300.000

betroffenen Kindern rechnen. Die vielfältigen Belastungen und
Entwicklungsrisiken dieser Kinder sind im vorliegenden Buch
andernorts differenziert beschrieben (vgl. den Beitrag von Fritz
Mattejat in diesem Buch). In der Fachöffentlichkeit hat sich
erst in den letzten Jahren ein Bewusstsein für die besondere
Belastung und Gefährdung der Kinder entwickelt. Es gibt eine
zunehmende Zahl lokaler Initiativen, die im dritten Teil des
vorliegenden Buches beschrieben werden. Vereinzelt bieten auch
psychiatrische Krankenhäuser Mutter-Kind-Behandlung meist
für schizophrene Frauen oder tagesklinische präventive Arbeit
mit Müttern und Babys zur Vermeidung von Bindungsstörungen
bei Kleinkindern an (vgl. den Beitrag von Hans-Peter Hartmann
in diesem Buch). Nach wie vor fehlen jedoch übergreifend arbeitende Hilfseinrichtungen. Wann für wen welche Hilfe sinnvoll
ist und wie sich die Hilfen für eine Familie über die einzelnen
Institutionen hinaus verbinden lassen, ist Gegenstand lokaler
Problemlösungen der einzelnen Initiativen.

Wie können die Einrichtungen im Sinne der Angehörigen zusammenarbeiten?

Die Arbeitsgruppe Versorgungsforschung und Sozialpsychiatrie
begann ein von der Varain-Stiftung Gießen gefördertes Projekt,
das die Vernetzung der wichtigsten Angebote für Kinder psychisch Kranker und deren Familien durch moderierte Meetings
und Fortbildungsveranstaltungen in Gießen unterstützen sollte.
Die wichtigsten Erfahrungen aus dem Projekt werden im Folgenden zusammengefasst.

Für die Angehörigen ist es häufig deutlich, dass angemessene
Hilfe nicht durch eine einzige Institution angeboten werden

kann. Leider scheitert die Hilfe in der Praxis immer noch oft an strukturellen Problemen wie der fehlenden Vernetzung von Angeboten und der mangelnden Zusammenarbeit verschiedener Versorgungssysteme, wiewohl immer mehr lokale Initiativen entstehen, um dem entgegenzuwirken. Eine der größten Notwendigkeiten, aber auch Herausforderungen stellt dabei die Zusammenarbeit zwischen Erwachsenenpsychiatrie (die die Eltern behandelt und die aktuelle psychische Erkrankung des Elternteils beurteilen kann) und der Jugendhilfe dar.

Offenbar haben viele Familien Kontakte mit Helfern aus unterschiedlichen institutionellen Zusammenhängen, bevor familiäre Situationen entgleisen und Kinder massiv gefährdet sind. Um die Familien hier stärker zu schützen, müssen geregelte Informationswege und Zuständigkeiten erarbeitet werden (vgl. auch die kürzlich erfolgte Einführung des § 8a Achtes Buch Sozialgesetzbuch, SGB VIII, Kinder- und Jugendhilfe, der verbindlichere und vor allem geschlossene Informations- und Reaktionsketten der beteiligten interdisziplinären Helfer und Institutionen aus dem Bereich der Jugendhilfe verlangt; vgl. Ulmer Aufruf zum Kinderschutz 2006).

Der Hilfebedarf von Familien mit psychotischen Erwachsenen ist vielschichtig. Er bedarf eines entsprechenden fachlichen Rahmens und abgestimmter Hilfeplanung. Hier müssen die Helfer auch das soziale Umfeld der Familie, Kindergarten, Schule, Freizeitangebote, Kirchen, Ämter, die klinischen und sozialpsychiatrischen Institutionen der Erwachsenenpsychiatrie und Psychotherapie sowie ggf. Kinder- und Jugendpsychiatrie mit einbeziehen.

Kinder binden sich schnell – auch an für sie ungesunde Situationen. Deswegen muss Hilfe zeitnah und möglichst ambulant erfolgen, damit nicht später die konfliktbehaftete »Wahl« zwischen einer traumatischen, hoch belastenden Trennung und einem genauso belastenden Verbleiben in der pathogenen Beziehung bzw. Familie entsteht. Leider fehlt oft ein niedrigschwelliger Zugang zu den betroffenen Kindern und eine schnelle Erfassung und Koordination des Hilfebedarfs. So entsteht oft eine Gratwanderung zwischen Unterversorgung (Alleinlassen) und Über-Intervention (Stigmatisierung/Abschreckung von weniger belasteten Kindern oder Familien).

Für die Angehörigen ist es wichtig, dass Erwachsenenpsychiatrie und Jugendhilfe gut zusammenarbeiten. Aber: Die Erwachsenenpsychiatrie weiß immer noch zu wenig über die Jugendhilfe. Weder sind ambulante Möglichkeiten ausreichend bekannt – Jugendhilfe wird überwiegend als »Wegnehm-Institution« erlebt – noch die Gefährdungsmeldung analog § 8 a SGB VIII. So hat eine Befragung unserer Arbeitsgruppe bei 110 Klinikärzten ergeben, dass die Erwachsenenpsychiatrie das Vorhandensein von Kindern psychisch Kranker oft nicht ausreichend wahrnimmt. Nur zwei Drittel geben an zu wissen, ob ihre Patienten Kinder haben. 40 % konnten das Alter und ein Drittel das Geschlecht schätzen. Bei ca. 80 % kam es »quasi nie« zu Gesprächen mit Kindern, Angehörigen und Patienten über die Auswirkungen der Erkrankung auf die Kinder oder spezielle Hilfen für diese. Das bedeutet, dass die Mehrzahl der Erwachsenenpsychiater sich wissenschaftlich und therapeutisch nur auf die Person ihrer Patienten konzentriert und darüber die Familien vergisst.

MERKE Die Erwachsenenpsychiatrie sollte auch über die familiäre Situation und die Kinder der Patienten informiert sein!

Was muss die Erwachsenenpsychiatrie lernen?

Für eine bessere Kooperation mit der Jugendhilfe braucht die Erwachsenenpsychiatrie:
- feste Ansprechpartner der Jugendhilfe für Informationen und ggf. Abschätzung des Interventionsbedarfs ohne Gefahr einer eingreifenden Intervention;
- Weiterbildung bezüglich rechtlicher Möglichkeiten und Grenzen des Jugendamtes, bezüglich alternativer Hilfen zu Kindeswegnahme, wie ambulante Hilfen, Beratung, Haushaltshilfe, etc;
- Etablierung und Koordination eines Netzwerkes, an das sich die Psychiater wenden können, die Kinder psychisch erkrankter Patienten mit Hilfe- oder Interventionsbedarf bemerken.

Was muss die Kinder- und Jugendhilfe lernen?

Umgekehrt ist aber auch der Kinder- und Jugendhilfe aufgrund ihres traditionellen Ausbildungs- und Aufgabengebietes die Welt erwachsener psychisch Kranker bzw. der Psychiatrie eher fremd. Dies bezieht sich vor allem auf Einschätzung und Verständnis der psychischen Erkrankungen der Eltern, aber auch auf die konkreten Kooperationsmöglichkeiten der Erwachsenenpsychiatrie. Für eine bessere Kooperation mit der Erwachsenenpsychiatrie braucht sie:
- ein stärkeres Bewusstsein bei Ärzten und Pflegepersonal für das gesamte Familiensystem inklusive der Kinder;
- stärkere Unterstützung durch die Psychiater, z. B. durch Motivation ihrer Patienten mit Kindern, sich auf Hilfen zur Erziehung und Kontakte zu Sozialdienst oder Jugendhilfe einzulassen;

☐ Hilfe bei psychisch kranken Eltern oder Eltern mit unklaren psychischen Auffälligkeiten, vor allem wenn sie ambulante oder stationäre Behandlung verweigern. Hier ist der Hausbesuch durch die Erwachsenenpsychiatrie (z. B. aufsuchende Institutsambulanz) oder einen sozialpsychiatrischen Dienst ganz wichtig, da Einschätzungen der Erziehungsfähigkeit rein aus der Perspektive ambulanter oder stationärer Behandlung oft nicht ausreichend möglich sind.

Erwachsenenpsychiatrie kann Vermittlerrolle übernehmen

Um einerseits möglichst viele betroffene Familien früher und angemessener zu informieren, andererseits schnell und niedrigschwellig weniger belastete Kinder mit geringem oder keinem Hilfebedarf von gefährdeten Kindern mit hohem Risiko von Entwicklungsstörungen zu unterscheiden und ihnen geeignete Hilfsangebote zu machen, sollte die Erwachsenenpsychiatrie eine Screening- und Vermittlerrolle übernehmen. Keine andere Institution kann das Ziel des Vermittlers so effizient und niedrigschwellig erreichen wie die Erwachsenenpsychiatrie, da deren stationäre und ambulante Angebote von den psychisch kranken Eltern immer wieder in Anspruch genommen werden müssen. Ein kurzer, praktikabler Screening-Bogen zu Hilfebedarf und Gefährdungsrisiko im Rahmen der ohnehin notwendigen Anamneseerhebung in Praxen und Kliniken könnte bereits ausreichend sein, um Informationen über den Hilfebedarf zu gewinnen. Eine solche Checkliste befindet sich im Anhang dieses Buches.

Dabei sollte sich die Erwachsenenpsychiatrie aber nicht selbst um die Kinder kümmern, um Parteilichkeitsprobleme gegenüber den eigenen, erwachsenen Patienten zu umgehen. Wenn sie kein eigenes Beratungsangebot (wie z. B. FIPS in Günzburg) etabliert, muss ein regionales, interdisziplinäres und unter Federführung der Jugendhilfe koordiniertes Beratungs- und Interventionsangebot zur Verfügung stehen, das aus den so erhaltenen Informationen einen individuellen Hilfeplan erstellen kann. Um die Aufmerksamkeit aller relevanten Hilfsinstitutionen einer Region zu erhalten, haben sich gemeinsam koordinierte Auftakt- und Fortbildungsveranstaltungen als hilfreich erwiesen.

Literatur

BRANDES, U.; HELD, E.; BRÜMMER-HESTERS, M.; GERDES, C. (2001): Klinik? – Aber nicht ohne mein Kind! In: Psychiatrische Praxis 28, S. 147–151.

BÜRGERMEISTER, U.; JOST, A. (2000): Kinder schizophrener Mütter. In: Sozialpsychiatrische Informationen 2, S. 3–7.

FRANZ, M.; MEYER, T.; GALLHOFER, B. (2003): Belastungen von Angehörigen schizophren und depressiv Erkrankter – eine repräsentative Erhebung. In: FEGERT, M; ZIEGENHAIN, U. (Hg.): Hilfen für Alleinerziehende – Die Lebenssituation von Einelternfamilien in Deutschland. Weinheim.

FRANZ, M. (2005): Die Belastungen von Kindern psychisch kranker Eltern. Eine Herausforderung zur interdisziplinären Zusammenarbeit von Jugendhilfe und Erwachsenenpsychiatrie. In: KJG – Kind Jugend Gesellschaft 50 (3), S. 82–86.

GUNDELFINGER, R. (1997): Welche Hilfen brauchen Kinder psychisch kranker Eltern? In: Kindheit und Entwicklung 6 (3), S. 147–151.

Gesundheitsbericht 2006. Gesundheitsberichterstattung des Bundes. http://www.gbe-bund.de

HARTMANN, H. P. (1997): Mutter-Kind-Behandlung in der Psychiatrie. Teil 1: Übersicht über bisherige Erfahrungen. In: Psychiatrische Praxis 24, S. 56–60.

KILIAN, S.; BECKER, T. (2007): »FIPS – Familien mit einem psychisch erkrankten Elternteil«. In: Psychiatrische Praxis 34 (6), S. 310.

KOLASCHNIK, I.; TOBEN, S. (2004): Mit Netz und doppeltem Boden – Wie Familienleben mit psychischer Erkrankung gelingen kann. In: SpielRäume 28, S. 13–15.

LÜDERS, B.; DENEKE, C. (2001): Präventive Arbeit mit Müttern und ihren Babys im tagesklinischen Setting. In: Praxis der Kinderpsychologie und Kinderpsychiatrie 50, S. 552–559.

REMSCHMIDT, H.; MATTEJAT, F. (1994): Kinder psychotischer Eltern – Mit einer Anleitung zur Beratung von Eltern mit einer psychotischen Erkrankung. Göttingen.

SOMMER, R.; ZOLLER, P.; FELDER, W. (2001): Elternschaft und psychiatrische Hospitalisation. In: Praxis der Kinderpsychologie und Kinderpsychiatrie 50, S. 498–512.

Ulmer Aufruf zum Kinderschutz. Fachforum »Steigerung der elterlichen Feinfühligkeit zur Prävention von Vernachlässigung und Kindeswohlgefährdung im Säuglings- und Kleinkindalter«, 18.–20.1.2006. http://www.uniklinik-ulm.de/

Psychotherapiepatienten und ihre Kinder im ambulanten Bereich

Kurt Hahlweg, Anja Lexow und Meike Wiese

Im Rahmen ambulanter Psychotherapie steht zumeist die individuelle Symptomatik des Hilfesuchenden im Vordergrund, sodass meist nur in Ausnahmefällen die Angehörigen der Patienten mit einbezogen werden, z. B. in Krisensituationen. Obwohl bekannt ist, dass Partner und Kinder als wichtigste Bezugspersonen direkt von der psychischen Erkrankung des Patienten betroffen sind, werden sie in die Behandlungsplanung und Durchführung häufig nicht mit eingebunden. Dies kann dazu führen, dass wichtige, die Störung aufrechterhaltende Faktoren wie z. B. Partnerschaftskonflikte und vor allem kindliche Verhaltensprobleme im Rahmen der Behandlung nicht ausreichend beachtet werden.

Wie im stationären Bereich hat etwa ein Drittel der Patientinnen und Patienten, die wir in der Psychotherapieambulanz der TU Braunschweig behandeln, Kinder unter 18 Jahren. Psychische Störungen der Eltern – und die häufig vorliegenden Paarkonflikte – sind oft mit gegenwärtigen und zukünftigen Anpassungsproblemen der Kinder verbunden (vgl. auch den Beitrag von Mattejat in diesem Band). Die Eltern wissen häufig nicht, welche erzieherischen Maßnahmen sie anwenden sollen und in welchen Umfang. Sie zweifeln an ihren Kompetenzen und halten sich für schlechtere Eltern. Dadurch verhalten sie sich in der Erziehung inkonsistent, verstärken häufiger unerwünschtes Verhalten, greifen eher zu unangemessen harten Disziplinierungsmaßnahmen wie körperliche Bestrafung und zeigen vergleichsweise wenig liebevolle Zuwendung, Akzeptanz und Unterstützung ihren Kindern gegenüber.

Geringe Selbstwirksamkeitsüberzeugung hinsichtlich der eigenen elterlichen Kompetenzen kann aufgrund der erlebten eigenen Hilflosigkeit mit einer Zunahme der elterlichen Psychopathologie einhergehen, z. B. mit erhöhter Depressivität (»Ich bin eine schlechte Mutter«, »Egal, was ich tue, mein Kind tut, was es will«), aber auch mit einer höheren Rate an Konflikten und Streitigkeiten mit dem Partner über die Erziehung. Da im typischen ambulanten Psychotherapiebereich vor allem Patienten mit depressiven Störungen und Angststörungen behandelt werden – diese Patienten machen ca. zwei Drittel der Klientel aus – soll im Folgenden besonders auf diese Störungsgruppen eingegangen werden.

Kinder depressiver Eltern

Kinder depressiver Mütter sind signifikant weniger sozial aktiv und kompetent, zeigen mehr Problemverhalten in der Schule und haben schlechtere Schulleistungen als Kinder von chronisch körperlich kranken Müttern und von gesunden Müttern. Das Risiko für die Kinder, selbst an einer depressiven Störung zu erkranken, ist hoch: zwischen 40 und 60 % der Kinder depressiver Eltern werden ebenfalls depressiv.

Häufig klagen die Patientinnen über Erziehungsschwierigkeiten und haben deshalb Schuldgefühle, da sie wegen ihrer Überforderung schlecht und ungerecht mit den Kindern umgehen.

BEISPIEL Die Mutter von drei Kindern (12, 8, eineinhalb Jahre) wurde aufgrund einer depressiven Verstimmung ambulant psychotherapeutisch behandelt. Sie wollte schon immer eine perfekte Mutter sein, da sie selbst nur mit der alleinerziehenden

Mutter aufgewachsen sei. Eigentlich sei sie schon mit zwei Kindern überfordert gewesen, zumal bei ihrem ältesten Sohn eine Aufmerksamkeits- und Hyperaktivitätsstörung diagnostiziert worden sei, aber aufgrund ihrer Idealvorstellung habe sie auch ihr drittes Kind bekommen. Sie merke jedoch, wie schwer es sei, Kinder, Ehe und eigene Bedürfnisse unter einen Hut zu bekommen. Zunehmend sei sie unzufriedener geworden, vor allem hektisch und laut. Sie habe das Gefühl, keinem mehr gerecht zu werden. Ihre Kinder liebe sie, die kämen an erster Stelle, aber sie merke die eigene Unzufriedenheit immer stärker. So gebe es nicht nur mit dem Ehemann Konflikte, sondern auch mit den Kindern. Sie sei ungeduldiger geworden, schreie sie an und haue die Kleine auch schon mal, was sie eigentlich gar nicht wolle. ∎

Kinder von Eltern mit Angst- und Zwangsstörungen

Kinder von Eltern mit einer Angststörung haben ein zehnfach erhöhtes Risiko, selbst eine Angststörung zu entwickeln. Kinder von Eltern mit einer Panikstörung leiden deutlich häufiger unter Trennungsangst als Kinder gesunder Eltern. Es wird vermutet, dass Trennungsangst im Kindesalter ein spezifischer Vorläufer für die Ausbildung einer Panikstörung mit oder ohne Platzangst im Erwachsenenalter ist.

BEISPIEL Die 31-jährige Mutter eines 4-jährigen Sohnes litt an einer Platzangst mit Panikstörung. Der Sohn durfte nur sehr selten im Hof spielen, da die Mutter ihn als Sicherheitsperson brauchte. So hatte sie mit ihm ausführlich geübt, den Notarzt anzurufen, falls sie einen Panikanfall bekommen sollte. Aus diesem Grund ging er auch nicht in den Kindergarten. Da der

Kinderspielplatz ca. 400 Meter von der Wohnung entfernt war, konnte sie nur an »guten Tagen« mit ihm dorthin gehen. Allerdings durfte er das Klettergerüst nicht benutzen, da sie Angst hatte, er könnte herunterfallen. Selten blieb sie länger als 20 Minuten, dann drängte sie auf eine Rückkehr zur Wohnung aus der Befürchtung heraus, »es könnte wieder anfangen«. Der Sohn hatte keine Freunde und erschien sehr schüchtern.

Kinder von Eltern mit Zwängen zeigten deutlich höhere Werte für internalisierende Probleme (gesundheitliche Probleme, Ängste, depressive Stimmung) im Vergleich zu Kindern mit Eltern ohne Zwangsstörung. Um die Situation psychisch kranker Eltern zu verbessern und präventiv das Risiko für die betroffenen Kinder zu senken, erscheint es wichtig, im Rahmen der ambulanten psychotherapeutischen Behandlung individuell auf die Bedürfnisse von Eltern und Kindern einzugehen und die Therapieplanung entsprechend anzupassen. Dazu ist es notwendig, die Qualität der Paarbeziehung und das Vorliegen kindlicher Verhaltensstörungen frühzeitig abzuklären.

Diagnostik mit Fragebögen

Als Testverfahren während der ersten diagnostischen Sitzungen verwenden Psychotherapeuten häufig folgende Fragebögen:
Beim *Partnerschaftsfragebogen (PFB)* handelt es sich um ein Instrument zur genauen Einschätzung der Beziehungsqualität. Er besteht aus 30 Fragen, die sich den drei Themenbereichen Streitverhalten (S), Zärtlichkeit (Z) und Gemeinsamkeit/Kommunikation (G/K) mit je 10 Fragen zuordnen lassen. Der Bogen wird von jedem Partner einzeln ausgefüllt. Der PFB besitzt eine gute Zuverlässigkeit und Gültigkeit in Bezug auf die Messgeb-

nisse. Ein PFB-Gesamtwert ≤ 54 Punkten weist auf eine niedrige Beziehungsqualität hin.

Als Testverfahren in Bezug auf kindliches Problemverhalten bietet sich der *Fragebogen zu Stärken und Schwächen (Strengths and Difficulties Questionnaire, SDQ)* an. Es liegen verschiedene Versionen für Kinder und Jugendliche im Alter von 4 bis 16 Jahren als Eltern- und Lehrerbeurteilung vor, für 11- bis 16-Jährige gibt es zusätzlich einen Selbstbeurteilungsfragebogen. Der SDQ besteht aus 25 Fragen, die 5 Bereichen zugeordnet werden können: 1. emotionale Probleme, 2. Trotzverhalten, 3. Hyperaktivität/Aufmerksamkeitsstörungen, 4. Sozialverhalten und 5. prosoziales Verhalten. Der Fragebogen, Auswertungshinweise und weiterführende Literatur sind erhältlich unter www.sdqinfo.com.

Der *Erziehungsfragebogen (EFB)* ist die deutsche Übersetzung der Parenting Scale (PS). Anhand von 35 Fragen wird elterliches Erziehungsverhalten bei problematischem Kindverhalten (»Wenn mein Kind ungezogen ist oder sich unangemessen verhält«) auf zwei unterschiedliche Arten beschrieben, z. B. effektiv: »unternehme ich gleich etwas dagegen« oder ineffektiv: »gehe ich später darauf ein«. Die Antworten lassen sich zu den drei Skalen Überreagieren, Nachsichtigkeit und Weitschweifigkeit sowie zu einem Gesamtwert zusammenfassen. Eltern mit hoher Ausprägung auf der Skala Nachsichtigkeit geben sehr schnell nach, lassen die Kinder oft gewähren, achten wenig auf die Einhaltung von Regeln und Grenzen oder verstärken Problemverhalten des Kindes positiv. Die Aussagen der Skala Überreagieren erfassen »Erziehungsfehler«, wie zum Beispiel Zorn, Wut und Ärger zeigen und übermäßige Reizbarkeit oder Gemeinheit. Eltern mit hoher Ausprägung auf der Skala Weitschweifigkeit führen mit ihren Kindern immer wieder langatmige und ermüdende Diskussionen über Problemverhalten ihres Kindes. Sie reden viel, obwohl dies in entsprechenden Situationen wenig effektiv ist.

Empfehlenswert ist auch die *Checkliste zur Risikoeinschätzung* (vgl. Anhang in diesem Buch), in der Risikofaktoren aus den Bereichen Eltern, Kind und psychosoziale Rahmenbedingungen beurteilt werden können. Diese Beurteilung kann dann als Grundlage für weitergehende Maßnahmen für die Kinder dienen.

Behandlungsprogramme und Therapien

Je nach Alters- und Zielgruppe gibt es eine ganze Reihe unterschiedlicher Behandlungs- und Therapiemöglichkeiten.

Das Behandlungsprogramm von HOFECKER FALLAHPOUR u. a. (2005) ist speziell für nach der Geburt erkrankte Mütter von kleinen Kindern entwickelt worden und orientiert sich an den Bedürfnissen dieser Zielgruppe. Es kann im gruppen- oder einzeltherapeutischen Kontext angewendet werden. Diese Therapie bietet den Patientinnen neben psychoedukativen Inhalten auch Möglichkeiten zur Stressbewältigung, partnerschaftliche Interventionen und Methoden, die Erziehungskompetenz zu stärken.

Ein weiterer wichtiger »Therapiebaustein« ist ein gezieltes Training der Erziehungskompetenzen. Da psychisch kranke Eltern – wie oben beschrieben – häufig erhebliche Defizite in der Interaktion mit ihren Kindern aufweisen, erscheint es sinnvoll, ihnen nicht nur Erziehungsstrategien zu vermitteln, sondern diese auch gezielt mit ihnen einzuüben. Auch für diesen Bereich steht ein Elterntraining zur Verfügung – das Positive Parenting Program (Triple P) aus Australien. Ziel dieses Trainings ist es, Eltern Strategien zu vermitteln, die helfen, eine positive Beziehung zu ihren Kindern aufzubauen, deren Entwicklung zu fördern und einen angemessenen Umgang mit Problemverhalten zu erlernen. In über 60 Untersuchungen zeigten sich eine signifikante Abnahme kindlicher Verhaltensprobleme, eine Steigerung der elterlichen Erziehungskompetenz sowie eine hohe Zufriedenheit der Eltern mit dem Programm.

> **TIPP** Das Triple-P-Elterntrainig hilft sowohl gesunden als auch psychisch kranken Eltern, eine positive Beziehung zu ihren Kindern aufzubauen.

Selbsthilfematerialien

Für Kinder im Alter von 1 bis 12 Jahren und für Jugendliche liegen vielfältige Selbsthilfematerialien zu positiven Erziehungsstrategien vor, die im Rahmen einer Psychotherapie vor allem psychoedukativ eingesetzt werden können. Zum Beispiel gibt es für beide Altersbereiche 14-seitige Broschüren (»Positive Erziehung«), welche die Grundlagen von Triple P in Form verschiedener Erziehungsstrategien enthalten, und die sogenannten »Kleinen Helfer«. Bei den Letztgenannten handelt es sich um insgesamt 50 verschiedene zwei- bis dreiseitige DIN-A4-Informationsblätter für fünf Altersstufen (Säuglinge, Kleinkinder, Kindergartenkinder, Schulkinder, Jugendliche), in denen Eltern verhaltensnahe Tipps zum Umgang mit schwierigen Situationen und Problemen der jeweiligen Altersstufe erhalten. Da alle »Kleinen Helfer« in einfachem Deutsch abgefasst sind und sehr kurz effektive und praktische Wege zum Umgang mit spezifischen Problemen beschreiben, eignen sie sich sehr gut zur Unterstützung von minimalen therapeutischen Kontakten. Begleitend zur Broschüre und den »Kleinen Helfern« existiert ein Videoband, in dem die praktische Umsetzung der alltäglichen Erziehungs- und Entwicklungsprobleme gezeigt wird und das auf die schriftlichen Materialien abgestimmt ist. Weiterhin gibt es ein Selbsthilfebuch, das Eltern eigenständig durcharbeiten können. Diese eigenständige Arbeit kann im Rahmen der Einzeltherapie dann unterstützt werden.

Intensives Elterntraining

Das Elterntraining kann mit den Eltern als Einzel- oder Gruppentherapie durchgeführt werden und umfasst acht Abschnitte. Die Eltern erfahren ein breites Repertoire an Erziehungsstrategien. Zu Beginn definieren sie Ziele, die sie im Umgang mit ihren Kindern erreichen wollen, erlernen Methoden der Verhaltensbeobachtung und sollen erkennen, welche Ursachen Problemverhalten haben kann. Anschließend werden ihnen Strategien zur Förderung der kindlichen Entwicklung vermittelt und aktiv eingeübt (z. B. beschreibendes Loben, »Fragen-Sagen-Tun«, Einsatz einer Punktekarte) sowie Strategien zum Umgang mit Problemverhalten und Risikosituationen trainiert (z. B. Familienregeln aufstellen, ruhige, klare Anweisungen geben, logische Konsequenzen einsetzen und Auszeit). Im Rahmen einer ambulanten Psychotherapie von psychisch kranken Eltern ist es denkbar, die Inhalte des Triple-P-Trainings innerhalb der therapeutischen Einzelsitzungen zu vermitteln und einzuüben. Dies bietet sich in den meisten Fällen an, da dann das Vorgehen sehr individuell an den Patienten und seine familiäre Situation angepasst werden kann. Für psychisch kranke Eltern stellt die Einbindung des Erziehungstrainings in die laufende Therapie keine zusätzliche zeitliche Belastung dar. Würden sie einen regulären Triple-P-Kurs besuchen, wie er von vielen sozialen Einrichtungen angeboten wird, müssten sie eine Extrabetreuung ihrer Kinder organisieren und es würden zusätzliche Kosten für sie entstehen. Dies könnte vor allem für alleinerziehende psychisch kranke Eltern ein Grund sein, nicht teilzunehmen. Es erscheint aber mit Blick auf die Forschungsergebnisse vor allem erforderlich, diese Zielgruppe im Umgang mit ihren Kindern zu unterstützen und so das Erkrankungsrisiko für die betroffenen Kinder zu senken.

— Hinweis

Die Triple-P-Materialien und Informationen zur Triple-P-Ausbildung sind zu beziehen über: PAG Institut für Psychologie AG, Nordstraße 22, 48149 Münster, Tel.: 0251 518941 oder über Triple P im Internet unter www.triplep.de

— Literatur

HAHLWEG, K. (1996): Fragebogen zur Partnerschaftsdiagnostik FPD. (Hier enthalten der Partnerschaftsfragebogen PFB). Göttingen.

HAHLWEG, K. (2001): Bevor das Kind in den Brunnen fällt: Prävention von kindlichen Verhaltensstörungen. In: DEUTSCH, W.; WENGLORZ , M. (Hg.): Zentrale Entwicklungsstörungen bei Kindern und Jugendlichen. Stuttgart, S. 189–241.

HOFECKER FALLAHPOUR, M.; ZINKERNAGEL, C.; FRISCH, U.; NEUHOF, C.; STIEGLITZ, R.-D.; RIECHER-RÖSSLER,

A. (2005): Was Mütter depressiv macht und wodurch sie wieder Zuversicht gewinnen. Bern.

Lexow, A.; Wiese, M.; Hahlweg, K. (2008): Kinder psychisch kranker Eltern: Ihre Chancen, im Rahmen einer ambulanten Psychotherapie der Eltern zu profitieren. In: Lenz, A.; Jungbauer, J. (Hg.): Kinder und Partner psychisch kranker Menschen. Belastungen, Hilfebedarf, Interventionskonzepte. Tübingen, S. 91–112.

Naumann, S., Bertram, H., Kuschel, A., Heinrichs, N., Hahlweg, K. & Döpfner, M. (2010): Der Erziehungsfragebogen (EFB). Ein Fragebogen zur Erfassung elterlicher Verhaltenstendenzen in schwierigen Erziehungssituationen. Diagnostica, 56, 144–157.

Kindgerechte Aufklärung bei psychischer Erkrankung eines Elternteils

Susanne Wunderer

Es ist nicht leicht, mit Kindern über die psychische Erkrankung eines Elternteils zu sprechen, denn die Tabuisierung dieses Themas ist tief in unseren Köpfen verankert. »Darüber spricht man nicht«, das ist die Haltung, die uns von der Gesellschaft anerzogen wurde, denn die Angst vor Ausgrenzung sowie Scham- und Schuldgefühle sind in den betroffenen Familien sehr groß.

Aber es ist wichtig und notwendig, Kinder darüber aufzuklären, was los ist – so wie wir es bei einer Ehescheidung oder einer körperlichen Krankheit auch ganz selbstverständlich tun. Es sind nicht die Informationen, die die Kinder überfordern. Es ist eine Überforderung für sie, wenn sie nicht verstehen, was los ist.

Die psychische Erkrankung eines Elternteils (sei es eine Depression, Angststörung, Schizophrenie o. a.) greift tief in den Alltag, die Eltern-Kind-Beziehung und das innere Erleben des Kindes ein. Wenn den Kindern hierfür keine nachvollziehbaren Erklärungen gegeben werden, schaffen sich Kinder eigene Erklärungsmuster. Und die Fantasien sind in der Regel weitaus schlimmer als die Realität.

So fühlen sich Kinder schuldig und glauben, dass Mama/Papa wütend auf sie ist und sich deswegen so komisch verhält. Sie versuchen schon früh, den erkrankten Elternteil zu schützen, indem sie eigene Bedürfnisse zurückstecken und ihre Gefühle nicht zeigen. Sie spüren die Verunsicherung und die Ängste der Erwachsenen und schließen aus deren Schweigen, dass sie keine Fragen stellen dürfen. So werden die Kinder mit ihren Ängsten alleingelassen.

Je kleiner die Kinder sind, umso tiefgreifender sind sie von der psychischen Erkrankung der Mutter oder des Vaters betroffen und umso dringender müssen ihnen einfache und für sie nachvollziehbare Erklärungen gegeben werden. Da psychische Erkrankungen oftmals zyklisch wiederkehren, tut eine kindgerechte Aufklärung besonders not.

TIPP Es ist wichtig, Kinder über psychische Erkrankungen der Eltern aufzuklären, weil es eine Überforderung für sie ist, wenn sie nicht verstehen, was los ist.

■ ■ **Wer sollte mit den Kindern sprechen?**

Jeder, der eine positive Beziehung zu dem Kind hat, kann mit ihm über die besondere Situation, in der sich das Kind befindet, sprechen. Im günstigsten Fall ist es der erkrankte Elternteil selbst, wenn er sich gerade in einer stabilen und gesunden Phase befindet. Wenn ein gesunder Elternteil, ein Partner oder eine Partnerin mit dem Kind zusammenlebt, sollte dieser unbedingt auch das Gespräch mit dem Kind suchen. Großeltern, Tanten, Onkel, Nachbarn, Freunde der Familie oder auch Kindergärtnerinnen können kindgerechte Informationen geben, wenn dies mit den Eltern abgesprochen ist. Wichtig ist, dass die Person für das Kind eine Vertrauensperson ist und dass sie das Kind in keinen Loyalitätskonflikt bringt, indem Informationen gegeben werden, die mit den Eltern nicht abgesprochen worden sind. Es ist jedoch möglich, im Kindergarten allgemein das Thema psychische Krankheiten aufzugreifen.

Eine große Hilfe ist es, wenn Mitarbeiter der Erwachsenenpsychiatrie diese Aufgabe mit übernehmen und Eltern darin unterstützen, das Gespräch mit ihren Kindern zu suchen.

■ ■ **Ab welchem Alter sollte man mit Kindern sprechen?**

Es gibt kein bestimmtes Alter, auf das man warten muss, bevor man mit Kindern über die Erkrankung eines Elternteils spricht. Man kann z. B. einem Säugling sagen: »Mama geht es heute nicht gut, sie ist sehr müde und traurig, aber Mama hat dich lieb.« Säuglinge verstehen noch nicht die Worte, aber sehr wohl die emotionale Botschaft, die dahintersteht!

Sie können einem einjährigen Kind erklären, warum Papa heute nicht mit ihm spazieren gehen kann, und sagen: »Papa ist krank, er kann heute nicht mit dir rausgehen. Wenn es ihm besser geht, spielt ihr wieder zusammen.« Sie können mit einem zweijährigen Kind Doktor spielen und erklären, dass es auch seelische Krankheiten gibt. Diese treten z. b. auf, wenn die Gefühle krank sind und man z. b. nicht aufhören kann, traurig zu sein.

Nennen Sie die Krankheit auch beim Namen, die Worte Depression, Manie, Schizophrenie u. a. verlieren ihren Schrecken, wenn sie nicht hinter dem Rücken der Kinder geflüstert, sondern laut ausgesprochen werden.

▬ ▬ Wie kann man mit Kindern sprechen?

Nutzen Sie eine Zeit, wo Sie mit dem Kind ungestört sind, und planen Sie 15 bis 20 Minuten ein. Mehr Zeit braucht es oft nicht, bei Dreijährigen reichen oft schon 10 Minuten. Reagieren Sie auf Fragen des Kindes und beziehen Sie diese in das Gespräch mit ein. Erlauben Sie dem Kind, eigene Gefühle zum Ausdruck zu bringen. Weinen oder Wut zeigen ist eine normale und gesunde Reaktion und hilft, schwierige Situationen besser verarbeiten zu können.

Benennen Sie die Krankheit der Mutter oder des Vaters. Unterscheiden Sie zwischen körperlichen Krankheiten, die man meistens sehen kann (einen Schnupfen, ein gebrochenes Bein), und Krankheiten, die man nur spüren kann. Erklären Sie, dass bei einer seelischen oder psychischen Krankheit die Gefühle krank sind, aber nur dann, wenn sie nicht mehr weggehen. Wenn z. B. Mama nicht mehr aufhören kann, traurig zu sein, oder wenn Papa immerzu Angst hat.

Dabei ist es für das Kind besonders wichtig, zu wissen, dass niemand etwas dafür kann, dass Mama oder Papa krank ist.

Mama oder Papa hat es trotzdem lieb, auch wenn sie oder er es nicht immer zeigen kann. Sagen Sie, dass Mama oder Papa wieder gesund werden kann, wenn Mama oder Papa Medikamente nimmt, zum Psychiater oder zur Therapeutin geht oder in der Klinik behandelt wird. Dies kann aber möglicherweise ein bisschen dauern. Es kann auch sein, dass die Krankheit zu einem anderen Zeitpunkt wieder auftritt. Deshalb ist es gut, wenn Kinder ihre Freunde nicht vernachlässigen und jemand für sie da ist, wenn es Mama oder Papa schlecht geht.

> **TIPP** Kinder müssen lernen, dass niemand etwas dafür kann, dass die Mutter oder der Vater krank ist, damit sie keine Schuldgefühle entwickeln.

Formulierungsvorschläge bei verschiedenen psychischen Erkrankungen

Im Folgenden werden Beispiele für kindgerechte Erklärungen zu verschiedenen psychischen Krankheiten gegeben:

Depression ▸ Man kann nicht aufhören, traurig zu sein, und ist immer furchtbar müde. Man mag morgens nicht aufstehen, sich nicht anziehen, nichts kochen und nichts essen. Man mag nicht sprechen und nichts hören, weil alles so schrecklich anstrengend erscheint.

Manie ▸ Eine Manie ist das Gegenteil von Depression und tritt manchmal im Wechsel mit ihr auf. Man kann dann nicht still sitzen und hat das Bedürfnis, immerzu zu sprechen. Man will alles gleichzeitig machen und kann nicht schlafen, weil zu viele Gedanken und Ideen im Kopf herumschwirren.

Schizophrenie ▶ Man hört, sieht, fühlt oder riecht Sachen, die gar nicht da sind. Man hört z. B. Stimmen, die sonst keiner hört. Man sagt oder tut dann komische Dinge, die scheinbar keinen Sinn ergeben und manchmal auch Angst machen.

Phobie ▶ Das ist, wenn man nicht mehr aufhören kann, vor etwas Bestimmtem Angst zu haben, z.b. in ein Kaufhaus zu gehen, mit der Straßenbahn zu fahren oder mit dem Flugzeug zu fliegen. Die Angst ist dann riesengroß und man glaubt, es nicht aushalten zu können.

Sucht ▶ Es gibt verschiedene Formen von Suchtverhalten. Bei einer Esssucht z. b. muss man immerzu essen und kann nicht damit aufhören, auch wenn man das gerne möchte. Bei einer Magersucht isst man zu wenig. Man wird dann immer dünner und glaubt immer noch, man sei zu dick und müsse weiter abnehmen. Es gibt noch andere Süchte, z. b. die Sucht, Alkohol zu trinken oder Tabletten zu nehmen.

Wer kann weiterhelfen und Fragen beantworten?

- Familien- und Erziehungsberatungsstellen,
- Allgemeiner Sozialer Dienst beim Jugendamt,
- Deutscher Kinderschutzbund,
- Frühförderstellen,
- Angehörigengruppen,
- Kinderärzte, Hausärzte, Psychologen und Psychiater können eventuell Hilfsangebote in der Nähe nennen.

Sorgen um das Sorgerecht?

Reinhold Schone

Was ist, wenn ich krank werde und meine Krankheit es mir schwer oder gar zeitweise oder dauerhaft unmöglich macht, mich vernünftig um meine Kinder zu kümmern? Wer hilft mir? Wer hilft den Kindern? Wo bekomme ich diese Hilfe? Kann mir auch jemand die Kinder wegnehmen? Diese und viele andere Fragen liegen psychisch kranken oder auch drogenabhängigen Eltern oft schwer auf der Seele und stellen eine nicht zu unterschätzende zusätzliche psychische Belastung für sie dar.

Dabei gilt auch für kranke Eltern das im Grundgesetz verankerte Recht: »Pflege und Erziehung der Kinder sind das natürliche Recht der Eltern und die zuvörderst ihnen obliegende Pflicht« (Art. 6 Abs. 2 Satz 1). Allerdings enthält das Grundgesetz ebenfalls die Verpflichtung des Staates, darauf zu achten, dass dieses Grundrecht auch zum Nutzen der Kinder wahrgenommen wird. Dies drückt der Satz aus: »Über ihre Betätigung wacht die staatliche Gemeinschaft« (Art. 6 Abs. 2 Satz 2).

In der weit überwiegenden Mehrzahl der Fälle können auch psychisch kranke Eltern die Pflege und Erziehung ihrer Kinder noch selbst und/oder mit Unterstützung von Ehepartnern oder Verwandten sicherstellen. Dies bedeutet, dass Ressourcen aus dem familiären oder sozialen Umfeld aktiviert werden können, um eine durch die Erkrankung des Elternteils oder beider Eltern ggf. bedingte Leistungsschwäche in Fragen der Pflege und Erziehung der Kinder zu kompensieren.

Der Anspruch der Eltern auf Hilfe und Unterstützung

Wenn Eltern sich allerdings aufgrund ihrer Krankheit (oder aus anderen Gründen) nicht oder nicht mehr in der Lage sehen, eine angemessene Versorgung und Erziehung ihrer Kinder zu organisieren und zu garantieren, bietet das Kinder- und Jugendhilfegesetz (KJHG) die Möglichkeit der Hilfe und Unterstützung (Hilfe zur Erziehung).»Ein Personensorgeberechtigter hat bei der Erziehung eines Kindes oder eines Jugendlichen Anspruch auf Hilfe (Hilfe zur Erziehung), wenn eine dem Wohl des Kindes oder des Jugendlichen entsprechende Erziehung nicht gewährleistet ist und die Hilfe für seine Entwicklung geeignet und notwendig ist« (§ 27 Abs. 1 KJHG). Das KJHG schafft damit einen Rechtsanspruch auf öffentliche Unterstützung durch die Jugendhilfe, für dessen Einlösung die örtlichen Jugendämter verantwortlich sind.

Hilfen zur Erziehung können in ambulanter Form (z. B. sozialpädagogische Familienhilfe, Erziehungsbeistände), teilstationärer Form (z. B. Tagesgruppen) oder in stationärer Form (z. B. Pflegefamilien, Heimerziehung, andere betreute Wohnformen) erfolgen. Die realisierte Form und Dauer der Hilfe hängt ab vom konkreten erzieherischen Bedarf im Einzelfall. Im Rahmen eines gemeinsam von Eltern, Jugendamt und hilfeleistender Stelle zu erarbeitenden Hilfeplans werden dann Festlegungen über den Bedarf, die Art des »notwendigen und geeigneten Hilfe« und die im Einzelnen erforderlichen Leistungen getroffen. Die Eltern und die Kinder sind zuvor über die Hilfemöglichkeiten zu beraten und auf mögliche Folgen für die Entwicklung der Kinder hinzuweisen (§ 36 Abs. 1 KJHG). Darüber hinaus haben sie das Recht, zwischen Einrichtungen und Diensten verschiedener

Träger zu wählen und Wünsche hinsichtlich der Gestaltung der Hilfe zu äußern. Dieser Wahl und diesen Wünschen soll bzw. muss entsprochen werden, sofern damit nicht unverhältnismäßige Mehrkosten verbunden sind (vgl. §§ 5 und 36 KJHG).

Bei dem Anspruch auf Hilfen zur Erziehung handelt es sich um einen Rechtsanspruch der betroffenen Eltern gegenüber dem Jugendamt, nicht etwa um das Recht des Jugendamtes, sich in die familiären Angelegenheiten der Familie einzumischen. Das KJHG als Sozialleistungsgesetz verpflichtet das Jugendamt, Eltern zu unterstützen, damit diese eine dem Wohl des Kindes entsprechende Erziehung gewährleisten können.

Allerdings haben gerade psychisch kranke Eltern oft besondere Probleme, ihre Rechte angemessen und umfassend offensiv selbst wahrzunehmen. Da sie nicht selten – als Ausdruck ihrer Krankheit – in ihrer sozialen Kompetenz eingeschränkt sind und/oder unter krankheitsbedingten Denkstörungen leiden, ist es für sie oft sehr schwer, sich im Rechts- und Verwaltungsdschungel zurechtzufinden. Hier sind besondere Anstrengungen der sozialpädagogischen Dienste der Jugendämter erforderlich, den betroffenen Eltern ihre Ansprüche und Rechte verständlich zu machen und die erforderlichen Hilfsangebote von sich aus zu entwickeln und zu unterbreiten. In aller Regel gelingt dies auch relativ gut, wie eine hohe Anzahl freiwillig in Anspruch genommener Hilfen zur Erziehung belegt.

▬ ▬ Der Anspruch der Kinder auf Pflege und Erziehung

Ein Problem entsteht allerdings regelmäßig dort, wo psychisch kranke Eltern das Wohl ihrer Kinder nicht (mehr) gewährleisten können und hierüber (möglicherweise infolge ihrer Krankheit) keine Einsicht haben, bzw. dies billigend in Kauf nehmen und externe Hilfe konsequent ablehnen. Wenn durch solch eine Haltung der Eltern (Entwicklungs-)Schäden der Kinder mit hoher Wahrscheinlichkeit zu erwarten sind, spricht man von einer »Kindeswohlgefährdung«. An dieser Stelle greift der zweite Satz des Art. 6 Abs. 2 Grundgesetz: »Über ihre Betätigung wacht die staatliche Gemeinschaft.«

Der Jugendhilfe obliegt es danach nicht nur, Eltern bei der Erziehung ihrer Kinder und damit bei der Wahrnehmung ihrer grundgesetzlich garantierten Rechte und Pflichten gegenüber dem Kind und zum Wohle des Kindes zu unterstützen, sondern es ist gleichermaßen ihre Aufgabe, das Kind vor Gefahren für sein Wohl – und hier ggf. auch gegen den Willen der Eltern – zu schützen.

Gegenüber den Eltern treten die Fachkräfte des Jugendamtes in solchen Fällen, wo das Kindeswohl gefährdet ist, also in einer Doppelrolle auf – als Unterstützer der Familie und als Schützer der Kinder. Unter der Überschrift: »Schutzauftrag bei Kindeswohlgefährdung« wird das Jugendamt durch den § 8a KJHG verpflichtet, bei gewichtigen Anhaltspunkten für eine Gefährdung eine Risikoeinschätzung im Team vorzunehmen und bei dieser Risikoeinschätzung auch die Eltern und nach Möglichkeit das Kind zu beteiligen. Auch die freien Träger (Kindergärten, Jugendzentren, Beratungsstellen) sind über Vereinbarungen mit dem Jugendamt verpflichtet, gewichtigen Anhaltspunkten für eine Gefährdung nachzugehen (§ 8a Abs. 4 KJHG). Gelingt es nicht, Eltern im Bedarfsfalle von der Inanspruchnahme von Hilfen zu überzeugen, ist das Jugendamt verpflichtet, zur Abwendung einer Kindeswohlgefährdung das zuständige Gericht anzurufen (vgl. § 8a Abs. 2 KJHG).

Die Anrufung des Gerichts erfolgt in solchen Fällen zumeist auf der Grundlage des § 1666 BGB: »Wird das körperliche, geistige oder seelische Wohl des Kindes durch missbräuchliche Ausübung der elterlichen Sorge, durch Vernachlässigung des Kindes, durch unverschuldetes Versagen der Eltern oder durch das Verhalten eines Dritten gefährdet, so hat das Vormundschaftsgericht, wenn die Eltern nicht gewillt oder in der Lage sind, die Gefahr abzuwenden, die zur Abwendung der Gefahr erforderlichen Maßnahmen zu treffen.«

Bedingungen des Eingriffs in das elterliche Sorgerecht

Ein Eingriff in die elterliche Sorge, der nur vom Gericht vorgenommen werden kann, darf nur erfolgen:
- wenn das Wohl des Kindes oder Jugendlichen tatsächlich gefährdet ist und
- wenn die Eltern »nicht gewillt oder nicht in der Lage sind, die Gefahr abzuwenden«.

Gefährdung bedeutet in diesem Zusammenhang das Bestehen einer gegenwärtigen oder zumindest nahe bevorstehenden Gefahr für die Kindesentwicklung, welche so ernst zu nehmen ist, dass sich bei Fortdauer eine erhebliche Schädigung des körperlichen, geistigen und seelischen Wohls des Kindes mit ziemlicher Sicherheit voraussagen lässt. Das zweite Kriterium soll gewährleisten, dass gerichtliche Maßnahmen nur in dem Maße ergriffen werden, wie sie unter Gesamtwürdigung der Elternsituation und des Elternverhaltens notwendig sind. Erst wenn beide Kriterien zutreffen, kann und darf ein Eingriff in das Sorgerecht erfolgen.

Die Art solcher Eingriffe ist im Gesetz nicht festgelegt. Das Gesetz spricht nur von den »erforderlichen Maßnahmen«. Dabei ist das jeweils mildeste Mittel zu wählen, um die Kindeswohlgefährdung aufzuheben. In der Praxis haben sich eine Reihe verschiedener Maßnahmetypen herauskristallisiert: Ermahnungen, Verwarnungen, Auflagen, Ersetzung des Elternwillens (z.b. bei notwendiger ärztlicher Behandlung des Kindes), Entzug des Aufenthaltsbestimmungsrechts und erst als letztes Mittel der Entzug der gesamten elterlichen Sorge.

Bei psychisch kranken Eltern, denen die Krankheitseinsicht fehlt, geht es in den meisten Fällen um den teilweisen oder vollständigen Entzug elterlicher Sorgerechte. Bei diesen Eltern wird sich die Entscheidung in der Regel um die Frage drehen, ob sie in der Lage sind, Gefährdungen für das Kind abzuwenden. Insbesondere spielt diese Frage eine Rolle bei kleinen Kindern oder Säuglingen, welche auf eine besonders zuverlässige Wahrnehmung ihrer Bedürfnisse (Essen, Schlafen, Schmerzabwehr etc.) angewiesen sind, da sie sich noch nicht aus eigenen Kräften (lebens-)bedrohenden Situationen entziehen können.

Das Gericht ist in seiner Verhandlung gehalten, die Eltern und – soweit möglich – auch die Kinder (ab 14 Jahren besteht Anhörungspflicht) zu hören. Das Gericht ist darüber hinaus aufgefordert, im Verfahren nach § 1666 BGB einen Verfahrenspfleger für das Kind oder den Jugendlichen zu bestellen. Dieser hat die besonderen Interessen und Anliegen der betroffenen Minderjährigen im Verfahren zu vertreten.

▰▰ Wer bekommt das Sorgerecht?

Wenn es im Ergebnis eines solchen Verfahrens per Beschluss durch das Gericht zu einer Einschränkung oder zu einem Entzug elterlicher Sorgerechte kommt, werden diese entzogenen Rechte auf andere Personen übertragen, die nun für den ihnen übertragenen Wirkungskreis an Eltern statt handeln können (Vermögenssorge, Gesundheitssorge, Aufenthaltsbestimmungsrecht, Personensorge, Recht zur Beantragung öffentlicher Leistungen).

Der Sinn des Sorgerechtsentzugs liegt nicht darin, Eltern für irgendetwas zu bestrafen, sondern darin, die rechtliche Vertretung der Kinder von (vorübergehend) nicht handlungs- und entscheidungsfähigen Eltern auf andere (im Sinne des Kindes handlungs- und entscheidungsfähige Personen (Vormünder oder Pfleger) zu übertragen. Dies können Verwandte oder Freunde der Familie sein oder andere Einzelvormünder. Wenn diese allerdings nicht gefunden werden, weil es in der Familie oder in der Verwandtschaft keine geeigneten Personen gibt, erfolgt eine Übertragung auf das örtliche Jugendamt, welches einzelne seiner Mitarbeiter (Amtsvormünder/Amtspfleger) mit dieser Aufgabe betraut. Von einem Amtsvormund spricht man dann, wenn alle elterlichen Rechte übertragen wurden, von einem Amtspfleger, wenn nur Teile der Sorge übertragen wurden. Im zweiten Fall darf der Amtspfleger auch nur in solchen Angelegenheiten elterliche Rechte wahrnehmen, die ihm ausdrücklich übertragen wurden. Alle anderen Entscheidungen und Vertretungsbefugnisse bleiben bei den Eltern.

Der Amtsvormund hat die zentrale Aufgabe, dafür zu sorgen, dass die Versorgung, Pflege, Betreuung und Erziehung des Kindes (wieder) sichergestellt wird. Diese Aufgabe wird aber in der Regel nicht von ihm selbst wahrgenommen, sondern erfolgt in einem Heim oder einer Pflegefamilie, wo das Kind oder der Jugendliche auf Antrag und mit Zustimmung seines Vormunds untergebracht wird.

Der Amtsvormund steht unter Kontrolle des Gerichts, welches jährlich überprüft, ob ein Fortbestand der Maßnahme weiter erforderlich ist oder ob die Maßnahme aufgehoben werden kann. Insofern gibt es hinsichtlich des Sorgerechts im Rahmen von Kindeswohlfällen keine endgültigen Entscheidungen, sondern immer nur jederzeit revidierbare Maßnahmen. So ist eine Rückübertragung des Sorgerechts nach Abklingen der Krankheit – wenn die Eltern wieder allein oder auch mit fremder Hilfe in der Lage sind, eine dem Wohl des Kindes entsprechende Erziehung sicherzustellen – grundsätzlich immer möglich. Sofern dem nicht andere Gründe entgegenstehen, ist sie sogar gesetzlich geboten.

Damit dies realistisch bleibt, verpflichtet das KJHG Pflegeeltern oder Mitarbeiter aus Heimen dazu, mit den Eltern zum Wohle des Kindes oder Jugendlichen zusammenzuarbeiten. In § 37 Abs. 1 KJHG heißt es u. a.: »Durch Beratung und Unterstützung sollen die Erziehungsbedingungen in der Herkunftsfamilie innerhalb eines im Hinblick auf die Entwicklung des Kindes oder Jugendlichen vertretbaren Zeitraumes so weit verbessert werden, dass sie das Kind oder den Jugendlichen wieder selbst erziehen kann.« Dies gilt natürlich auch – vielleicht sogar in besonderer Weise – wenn es zuvor zu Einschränkungen der elterlichen Sorge gekommen ist.

Vorrecht der Eltern

Die Unterstützung von Kindern psychisch kranker Eltern erfolgt im Spannungsfeld zwischen den Bedürfnissen der Eltern (nach Hilfe für sich und für ihre Kinder), den Fachkräften und Institutionen der Jugendhilfe (ambulante Hilfen, Heime, Pflegefamilien) sowie den Fachkräften und Institutionen der Psychiatrie. Dabei bleiben Eltern primär für die Erziehung verantwortlich, auch wenn sie durch ihre Krankheit vorübergehend oder längerfristig nicht in der Lage sind, diese Verantwortung auszufüllen. Dazu ist es auch notwendig, mit den Kindern und Jugendlichen die Lebenssituation der Eltern zu besprechen und gemeinsam Handicaps verstehen und akzeptieren zu lernen.

Auch bei einer Unterbringung in Pflegefamilien müssen diese bereit und fähig sein, die besondere Situation der Eltern der von ihnen betreuten Kinder zu berücksichtigen. Sie müssen in der Lage sein, die Spannung zwischen einem Wunsch nach dauerhafter Unterbringung und dem möglichen Ziel einer Rückkehr des Kindes ins Elternhaus konstruktiv gemeinsam mit dem Kind und ggf. mit dessen Eltern zu bewältigen.

Last not least muss auch der behandelnde Psychiater die besonderen Strukturen und Arbeitsbedingungen der Jugendhilfe kennen und muss sich interdisziplinären Arbeitsformen öffnen. Die Wahrnehmung der Patienten als Eltern und die durch die Krankheit gegebene schwierige Lebenssituation von Eltern und Kindern müssen auch im spezifisch psychiatrischen Behandlungskonzept Berücksichtigung finden.

Literatur

SCHONE, R.; WAGENBLASS, S. (2010): Wenn Eltern psychisch krank sind ... Kindliche Lebenswelten und institutionelle Handlungsmuster. Münster.

SCHONE, R.; WAGENBLASS, S. (Hg.) (2006): Kinder psychisch kranker Eltern zwischen Jugendhilfe und Erwachsenenpsychiatrie. Weinheim und München.

III Praktische Hilfen: Modelle und Initiativen für Eltern und Kinder

Interventionen für Kinder psychisch kranker Eltern
Viele Initiativen, aber keine Regelversorgung

Silke Wiegand-Grefe

In Deutschland existiert ein großes Unterstützungsnetzwerk für betroffene Kinder und Familien mit mindestens etwa 100 bis 120 Projekten, vorrangig aus Jugendhilfeeinrichtungen und Beratungsstellen. In diesen Projekten gibt es ein breites Angebotsspektrum von sporadischen Ferienfreizeiten über regelmäßige Aktivitäten für die Kinder, Elternsprechstunden in psychiatrischen Kliniken oder Patenschaften für die Kinder bis hin zu therapeutisch geleiteten Gesprächsgruppen oder Familienberatungen.

Bevor in diesem Teil des Buches verschiedene typische Angebote konkret vorgestellt werden, möchte ich einen allgemeinen Überblick über die Art der Interventionsangebote geben.

Was bedeutet Intervention?

Häufig werden die Unterstützungsangebote für Familien mit psychisch kranken Eltern als Prävention bezeichnet. Präventive Maßnahmen zielen gemäß ihrer Definition auf die Vermeidung eines schlechteren Zustandes ab, sie sollen das Auftreten von Krankheiten verhindern. Man unterscheidet zwischen Primär-, Sekundär- und Tertiärprävention. Von Primärprävention spricht man, wenn man die Ursachen von Erkrankungen oder die Krankheit überhaupt verhindern möchte. Mit Sekundärprävention ist die Entdeckung von symptomlosen Frühstadien einer Erkrankung gemeint. Unter Tertiärprävention wird die Verzögerung der Verschlimmerung einer Erkrankung oder die Verhinderung von Funktionseinbußen infolge einer Erkrankung verstanden. Therapien, z. B. Psychotherapien, sind hingegen Maßnahmen der Behandlung, die versuchen, bei einer bereits aufgetretenen Erkrankung einen besseren Zustand zu erreichen. Präventionen werden häufig in Gruppen angeboten, weil das Gespräch mit anderen betroffenen Menschen oft als sehr hilfreich erlebt wird. Therapie findet in Einzelsitzungen oder auch nach einigen Vorgesprächen in Einzelsitzungen dann in Gruppen statt.

Intervention ist ein übergeordneter Begriff, der sowohl für therapeutische als auch für präventive Maßnahmen verwendet wird. In der Medizin bezeichnet Intervention einen Vorgang, der den Ausbruch oder das Fortschreiten einer Erkrankung verhüten soll, also jede aktive Form von Behandlung. In der Pädagogik versteht man darunter einen Eingriff in den Erziehungsprozess. Der Begriff Intervention stammt aus dem lateinischen »intervenire«, der sich mit »dazwischenschreiten« oder »sich einschalten« übersetzen lässt. Manche Kinder psychisch kranker Eltern sind bereits selbst von einer eigenen psychischen Erkrankung betroffen, dadurch ist nicht für alle Kinder psychisch erkrankter Eltern ein präventives Angebot ausreichend, sondern bei einer Reihe von Kindern sind auch Psychotherapie oder andere Formen von regelmäßiger Behandlung notwendig. Das bedeutet, bei Kindern psychisch erkrankter Eltern sind also sowohl Prävention als auch Therapie wichtig. Viele regelmäßig stattfindende Interventionen und Unterstützungsangebote für Kinder psychisch kranker Eltern enthalten auch präventive und therapeutische Elemente. Daher wird im vorliegenden Kapitel für die Unterstützungsangebote für Kinder psychisch kranker Eltern der übergeordnete Begriff der Intervention verwendet.

Interventionsebenen

Interventionsprogramme für Kinder psychisch kranker Eltern können auf drei Ebenen angesiedelt sein:
- auf der Ebene der Eltern,
- auf der Ebene der Kinder und
- auf der Ebene der ganzen Familie.

Elternebene ▶ Auf der Elternebene gibt es vor allem verhaltensorientierte Gruppenprogramme und Elterntrainings, die häufig auf die Erziehungskompetenz und das Erziehungsverhalten der Eltern abzielen. Parallel werden den Eltern Informationen über die jeweilige Erkrankung und ihre Bewältigungsmöglichkeiten im Umgang mit der Erkrankung vermittelt. Häufig werden sowohl die erkrankten Elternteile als auch ihre Partner in die Gruppengespräche einbezogen. Die Eltern können sich über ihre Situation mit anderen Eltern austauschen und bei Problemen gemeinsam mit anderen betroffenen Eltern und den Therapeuten nach Lösungen suchen. Auch das offene Gespräch der Eltern untereinander und mit dem Kind wird geübt. Es gibt auch Programme speziell für Alleinerziehende, z. B. ist das Elterntraining »PALME« ein manualisiertes und gut evaluiertes Programm in Deutschland. Das bedeutet, das Vorgehen ist in einem Buch beschrieben, kann dadurch an verschiedenen Orten durchgeführt werden und seine Wirksamkeit ist erwiesen.

Kinderebene ▶ Interventionsprogramme auf der Ebene der Kinder sind ebenfalls vor allem Gruppenprogramme. Die Kinder erhalten Informationen über die elterliche Erkrankung und können über ihren Umgang mit der Erkrankung der Eltern und ihre Bewältigungsmöglichkeiten sprechen. Häufig zielen die Gruppen auch auf die Verbesserung von sozialen Kompetenzen ab, z. B.

die Vermittlung von Problemlösetechniken. Sie beinhalten den Austausch mit anderen Betroffenen und zielen auf die Stärkung von Selbstwert- und Selbstvertrauen ab und geben Unterstützung dabei, eigene Wege zu gehen.

Familienorientierte Programme ▶ Programme, in denen sowohl mit den Eltern als auch mit den Kindern gearbeitet wird, gelten bei Wissenschaftlern in aller Welt als besonders sinnvoll. Solche familienorientierten Programme können nach dem Lebenszyklus der Familie und nach dem Alter der Kinder differenziert werden: Einige Ansätze konzentrieren sich auf die frühe Eltern-Kind- oder Mutter-Kind-Arbeit mit Beginn in der Schwangerschaft oder dem Säuglingsalter, andere Ansätze arbeiten mit Familien mit Kleinkindern, Schulkindern oder mit jungen Erwachsenen. Weitere Ansätze arbeiten mit Konzepten aufsuchender Familienarbeit. Dann finden die therapeutischen Maßnahmen bei der Familie zu Hause, also in deren Lebensraum, statt. Dieser Ansatz kann Familien besonders in Krisensituationen auf niederschwellige und flexible Weise unterstützen.

Eine weitere Differenzierungsmöglichkeit bietet die Art der elterlichen Störung. Interventionsprogramme bei elterlichen Depressionen wurden für Kinder aller Altersgruppen entwickelt, von Gruppenprogrammen für mütterliche (postpartale) Depressionen mit Säuglingen und Kleinkindern bis hin zu Präventionsgruppen für Jugendliche. Es gibt auch Präventionsprogramme und Behandlungseinheiten für Kinder von Müttern mit Schizophrenie oder für Kinder mit suchtkranken Eltern. Bei Programmen für das Säuglingsalter steht eine gelungene und sichere Bindungsentwicklung zwischen der Mutter und ihrem Kind im Fokus, bei Angeboten für Jugendliche geht es eher um die Abgrenzungsmöglichkeiten der Kinder gegenüber den Eltern.

Situation in Deutschland

Die Unterstützungsangebote für Kinder und Jugendliche psychisch kranker Eltern entstammen einer pädagogischen Tradition im Jugendhilfesystem, oder haben eine kinderpsychiatrische Tradition. Daher sind die meisten Programme in Deutschland kindzentriert. Das bedeutet, es werden vor allem Angebote für die Kinder psychisch kranker Eltern bereitgehalten.

Kindergruppen ▶ Ein Beispiel für die präventive Arbeit auf der Ebene der betroffenen Kinder sind die Kindergruppen des Modellprojekts AURYN, die 1993 von Ärzten, Psychologen und Sozialarbeitern der Universität Freiburg entwickelt wurden und die mittlerweile in Deutschland sehr verbreitet sind (vgl. den Beitrag über die Leipziger AURYN-Gruppe in diesem Buch). Der Name AURYN stammt aus der »unendlichen Geschichte« von Michael Ende. Es ist der Name eines Amuletts, das dem Träger Kraft und Schutz bei der Bewältigung von schwierigen Aufgaben verleiht.

Bei AURYN-Gruppen handelt es sich um Gesprächsgruppen für Kinder im Schulalter, die störungsübergreifend arbeiten und oft auch verschiedene Aktivitäten oder ergo-, kunst- oder bewegungstherapeutische Elemente integrieren. Den Kindern wird angeboten, einmal pro Woche für zwei Zeitstunden eine themenzentrierte Gruppe zu besuchen, die aus vier bis sechs Kindern, manchmal aus bis zu acht Kindern besteht. Häufig werden die Kinder ihrem Alter entsprechend in Gruppen eingeteilt: Zum Beispiel werden die sechs bis acht und die neun bis elf Jahre alten Kinder oder Jugendlichen in je einer Gruppe zusammengefasst.

Das Kernstück der Gruppenarbeit bilden in der Regel die Themenbereiche psychische Krankheit, Identität und Selbstvertrauen sowie soziale Kompetenz. Den Kindern werden alters- und kindgerechte Informationen über psychische Erkrankungen vermittelt, sie werden über die krankheitsbedingten Verhaltensweisen ihrer Eltern aufgeklärt. Dabei erfahren sie, dass sie nicht für ihre Eltern verantwortlich sind und auch nicht an ihrer Erkrankung schuld sind. Sie lernen, ihre eigenen Stärken zu erkennen, anzunehmen und für sich weiterzuentwickeln und so ihr Selbstwertgefühl zu verbessern. Dabei ist die Reihenfolge der einzelnen Themenblöcke nicht an eine bestimmte Abfolge gebunden, sie sind untereinander austauschbar und werden je nach den Erfordernissen der Gruppe eingesetzt.

In der AURYN-Gruppe stehen die Kinder im Mittelpunkt des Interesses und der Arbeit. Gleichwohl wird zu den Eltern und Angehörigen der Kinder ein enger Kontakt gehalten, um eine größtmögliche Transparenz herzustellen. Die Ziele in der Arbeit mit den Eltern sind typischerweise: Bereitschaft und Interesse zur Mitarbeit wecken und stärken; Entlastung der Eltern von Schuldgefühlen und Versagensängsten; Verbesserung der Kommunikationsstruktur in der Familie; besseres Verständnis der Lebenssituation der Kinder; Einblick in die Projektarbeit mit Kindern; Anregung und Anleitung zu alternativem Erziehungsverhalten; Möglichkeiten zu Kontakt und Austausch der Eltern untereinander; Aufbau einer vertrauensvollen Beziehung als Voraussetzung zur Krisenintervention; schnelle, undogmatische Hilfe in Krisensituationen. AUYRYN-Gruppen zielen also vor allem auf den Austausch mit anderen Betroffenen, die Stärkung von Selbstwert und Selbstvertrauen und die Bearbeitung von Schuldgefühlen, wenn man eigene Wege geht. Wichtig ist die Einbeziehung der Eltern im Vorfeld des Angebots, um die Akzeptanz der Eltern zu gewährleisten.

Patenschaften ▸ Eine Reihe von Projekten in Deutschland bietet auch Patenschaften für betroffene Kinder an, eines der ersten Patenschaftsprojekte war das PFIFF-Projekt in Hamburg (siehe den Beitrag »Paten für die Zukunft« in diesem Buch). Patenschaften zielen darauf ab, den Kindern Paten als vertrauensvolle Bezugsperson zur Seite zu stellen, die sich außer der eigenen Familie um die Kinder kümmern. Paten können auch helfen, wenn die Eltern gerade in einer akuten Erkrankungsphase sind. Vor allem bei alleinerziehenden erkrankten Elternteilen sind Patenschaften hilfreich. Es ist jedoch für Institutionen, die Patenschaften vermitteln, wichtig, die Menschen, die sich als Paten zur Verfügung stellen und Paten sein möchten, vorher genau kennenzulernen und ihre Motive zu verstehen.

Familienberatungen ▸ Einige Projekte haben ihr Angebot auf die Elternebene oder die Familienebene erweitert und bieten Elterngruppen oder Elterntrainings oder Sprechstunden in der Erwachsenenpsychiatrie für Patienten an, die Kinder haben. In einigen Projekten werden auch Familienberatungen angeboten. Die in Deutschland am verbreitetsten manualisierte Familienberatung ist die Beratung nach dem CHIMPs-Ansatz, der im nächsten Abschnitt ausführlicher erläutert wird.

Die meisten dieser Praxisprojekte haben bis auf wenige Ausnahmen keinen wissenschaftlichen Anspruch und Schwerpunkt und oft auch keine entsprechenden Erfahrungen und Ressourcen für wissenschaftliches Arbeiten. Daher ist die Wirksamkeit der meisten Projekte in Deutschland auch nicht belegt. Eine Ausnahme ist der CHIMPs-Ansatz, eine manualisierte Form der Familienberatung, der von der Arbeitsgruppe um die Autorin in der Universitätsklinik für Kinder- und Jugendpsychiatrie und -psychotherapie in Hamburg entwickelt wurde und mittlerweile in ganz Deutschland eingesetzt wird. Er gilt aufgrund einer Reihe von Wirksamkeitsstudien als der in Deutschland am besten evaluierte Ansatz.

Der CHIMPs-Ansatz

Der CHIMPs-Ansatz (CHIMPs = children of mentally ill parents) nimmt als psychodynamisch orientierter Familienberatungsansatz eine mehrgenerationale Perspektive ein. Der CHIMPs-Ansatz basiert auf einem Theoriemodell und Forschungsbefunden, in denen sich gezeigt hat, dass der Umgang mit der Erkrankung in der Familie und die Familienbeziehungen eine wichtige Rolle für die gesunde Entwicklung der Kinder spielen. Der Ansatz basiert außerdem auf Bedarfsanalysen. Diese zeigten, dass betroffene Eltern familienorientierte Angebote eher akzeptierten als Gruppenangebote, da man sich dort unbekannten Menschen offenbaren muss. Auch die Erfahrungen eines Familienforschers aus Amerika und seiner Mitarbeiter, William Beardslee, sind in die Entwicklung des Ansatzes eingegangen.

Der CHIMPs-Ansatz ist sowohl präventiv als auch vor allem als Frühintervention für betroffene Kinder gedacht. Er umfasst eine ausführliche Diagnostik mit der ganzen Familie, vor allem für die Kinder. Er besticht durch seine Praktikabilität, breite Anwendbarkeit und langjährigen Erfahrungen in der Arbeit mit betroffenen Familien. Der Ansatz ist für Kinder ab drei Jahren bis ins junge Erwachsenenalter geeignet. Außerdem ist er störungsübergreifend konzipiert, d. h. er kann für alle elterlichen Störungsbilder, einschließlich Persönlichkeitsstörungen, angewendet werden und ist für alle Störungsbilder erprobt. Die niederfrequente und niedrigschwellige Intervention wird von zwei ausgebildeten Psychotherapeuten durchgeführt, ist durch ein Manual aber auch für andere Berufsgruppen anwendbar, sofern es bei Bedarf Kooperationen mit ärztlichen oder psychologischen Psychotherapeuten vor Ort gibt (Wiegand-Grefe, Halverscheid & Plass 2011). Die psychische Gesundheit und die Lebensqualität der Kinder stehen im Zentrum der Interventionen. Eine Verbesserung dieser beiden Aspekte wird nachgewiesenermaßen in diesem Ansatz durch die Arbeit an der Krankheitsbewältigung in der Familie und an den Familienbeziehungen sowie der Familiendynamik erreicht. Neben der jeweils altersgerechten Aufklärung über die Erkrankung und ihre Folgen, werden die Kommunikation in der Familie, die Rollenverteilung, Aufgabenerfüllung und Emotionalität thematisiert. Über einen Zeitraum von ein bis eineinhalb Jahren finden insgesamt ca. 15 Sitzungen statt. Parallel erfolgt eine ausführliche Diagnostik.

In den Wirksamkeitsforschungen hatten die Kinder in den Familien nach der CHIMPs-Beratung eine erheblich bessere Lebensqualität und deutlich weniger psychische Auffälligkeiten und Probleme als Kinder in einer Vergleichsgruppe. Die Kinder waren deutlich gesünder, das beschrieben sowohl die Kinder, die erkrankten Eltern als auch die Therapeuten. Auch einige Krankheitsbewältigungsstrategien und der allgemeine Gesundheitszustand besserten sich, ebenso die soziale Unterstützung, die Familienbeziehungen und die Familiendynamik. Alle berichteten Verbesserungen bleiben weitgehend stabil über ein Jahr.

Ziel für die Zukunft: eine nachhaltige familienorientierte Regelversorgung

Familienorientierte Ansätze gelten als besonders sinnvoll. Nur durch ein vertrauensvolles Bündnis mit den Eltern kann längerfristig und nachhaltig mit den Kindern gearbeitet werden und Loyalitätskonflikte zwischen professionellen Unterstützern und Eltern werden vermieden. Aktuell gibt es die meisten Angebote für Kinder von Eltern mit Depressionen; bei Suchterkrankungen und Schizophrenien sind es schon deutlich weniger, bei Persönlichkeitsstörungen fehlen sie fast ganz. Sinnvoll sind Ansätze, die störungsübergreifend und für Kinder verschiedener Altersstufen eingesetzt werden können wie der CHIMPs-Ansatz.

Leider ist die Existenz vieler Projekte und Initiativen in Deutschland prekär, sie werden durch Stiftungen und Spenden finanziert oder laufen als Modellprojekte nur über eine sehr begrenzte Zeit und können deshalb meist nur punktuell Unterstützung anbieten. Anzustreben ist eine bundesweite Regelversorgung, also eine nachhaltige familienorientierte Versorgung für betroffene Kinder und ihre Familien.

Literatur

WIEGAND-GREFE, S.; HALVERSCHEID, S.; PLASS, A. (2011): Kinder und ihre psychisch kranken Eltern: Familienorientierte Prävention. Der CHIMPs-Beratungsansatz. Göttingen.

Beziehungsabbrüche vermeiden
Das Heppenheimer Modell der Mutter-Kind-Behandlung

Hans-Peter Hartmann

Die Lebenssituation von Säuglingen und Kleinkindern in Familien mit Risikokonstellationen hat sich in den letzten Jahren verschlechtert. Zu den Folgen zählen vermehrte Entwicklungsstörungen, Verhaltensauffälligkeiten und Gewaltbereitschaft. Säuglinge und Kleinkinder, die in Familien mit Risikokonstellationen aufwachsen, können durch vorbeugende Maßnahmen geschützt werden. Frühzeitige Unterstützung kann helfen, dass sie sich zu verantwortungsvollen Erwachsenen entwickeln, die selbstständig und aktiv ihre Zukunft gestalten.

Zu den Risikokonstellationen für Kinder gehören auch psychische Erkrankungen und Krisen der Eltern und ihre Auswirkungen. Viele Kinder psychisch Kranker werden selbst psychisch krank. Wegen der damit verbundenen Entwicklungsrisiken für die Kinder habe ich vor 19 Jahren begonnen, Mütter mit Neugeborenen, Säuglingen und Kleinkindern bis zum Alter von sechs Jahren in solchen Krisen gemeinsam stationär psychiatrisch-psychotherapeutisch zu behandeln, um möglichst früh und damit vorbeugend die Auswirkungen auf die Kinder, z. B. in Form von Regulations- und Interaktionsstörungen, bis hin zu ausgeprägter Rollenumkehr zu vermindern und ihnen eine gesündere Entwicklung zu ermöglichen. Und seit März 2003 gibt es mit dem Heppenheimer Modell sogar elf Betten auf einer eigenständigen Mutter-Kind-Station.

▪ ▪ Was steckt hinter den mütterlichen Krisen?

Wenn wir Mütter und Kinder aufnehmen, dann haben wir uns angewöhnt, eher von einer Krise zu sprechen als von einer psychiatrischen Diagnose, denn für unseren Umgang mit Mutter und Kind und deren Beziehung hat die Diagnose keine so große Bedeutung. Nehmen wir das Beispiel einer Depression nach der Geburt. Häufig werden Patientinnen mit Depressionen nach der Geburt zu uns eingewiesen. Nach einer genaueren Kenntnis der Lebensgeschichte und einer intensiven Berücksichtigung des subjektiven Erlebens der Patientin stellt sich eine ganz andere Problematik heraus, die hinter der oberflächlichen depressiven Symptomatik verborgen ist. Nicht selten liegen beispielsweise heftige Angstzustände vor, Angst, einen Verlust zu erleiden, Zwangsgedanken in Form von Befürchtungen, den Säugling umzubringen, und/oder Partnerschaftskonflikte, manchmal verankert in den Beziehungen unserer Patientinnen und ihrer Partner zu ihren eigenen Eltern, oder auch eine traumatische Erfahrung der Geburtssituation. Die Behandlung hat daher individuell ganz unterschiedliche Schwerpunkte, auch wenn oberflächlich dieselbe Diagnose gestellt wird. In jedem Fall steckt in der Symptomatik ein Hilferuf, der Unterstützung auslösen soll. Dies gilt bereits für den sogenannten Baby-Blues.

▪ ▪ Wie sieht die Therapie aus?

Unsere Therapie arbeitet dabei auf zwei Ebenen. Bei der sogenannten repräsentationalen Ebene geht es um das Selbstbild der Mutter und um das Bild, welches die Mutter vom Kind hat. Diese Ebene wird in psychotherapeutischen Gesprächen einzeln mit und ohne Anwesenheit des Kindes sowie in Gruppen angesprochen. Bei der sogenannten interaktionellen Ebene geht es um das konkrete Miteinander von Mutter und Kind. Diese Ebene erreichen wir mithilfe von genauen Anweisungen für das Verhalten gegenüber dem Kind, präzisen pädagogischen Umgangsregeln, einer Anleitung zum Verhalten bei Problemsituationen zwischen Mutter und Kind usw.

Beide Ebenen verschränken sich zeitweise, z. B. bei Einzelgesprächen mit Mutter und Kind und beim Betrachten von zuvor auf Video festgehaltenen Spiel-, Wickel- oder Fütterungssituationen. Über teilnehmende und videogestützte Beobachtung können Verbindungen zwischen den zwischenzeitlich aus der eignen Geschichte erkannten inneren Überzeugungen und der aktuellen Beziehung zwischen Mutter und Kind gesehen werden. Zuweilen kann auch aufgrund der Beziehungsabläufe auf den Ursprung oder die Grundlage dieser Verhaltensmuster in den Kindheitserfahrungen der Mutter hingewiesen werden. In der Verschränkung beider Ebenen kommen bisher nicht zugängliche Erinnerungen ins Gespräch. Unter Berücksichtigung des jeweiligen Schwerpunkts versuchen wir in allen Kontakten zwischen Mutter und Kind und den Mitarbeitern innerhalb und außerhalb der Station, über den Umgang zwischen Mutter, Kind und uns zu sprechen, Verständnis zu entwickeln und dieses Verständnis zu kommunizieren. Nur so kann die Mutter Einsicht in die jeweilige individuelle Krisensituation erzielen und deren Veränderung sowohl in ihrer eigenen Vorstellung von sich selbst als auch auf der Ebene der Beziehung zu anderen erreichen. Fortschritte im therapeutischen Prozess werden somit über Veränderungen der inneren Haltung zu den Problembereichen und des Umgangs mit den für die psychische Störung bzw. für die unangemessenen Beziehungsmuster bedeutsamen Problembereichen erfasst.

> **MERKE** Wichtig ist vor allem die Veränderung der eigenen Haltung zu der psychischen Störung und zu den daraus entstehenden Problemen.

Diese Problembereiche stellen meist die kritischen Formen des Miteinanders zwischen Mutter und Kind dar, bei denen die grundlegenden Gefühlsabstimmungen zwischen beiden stattfinden und der Säugling frühe Formen der Gefühlsregulation entwickelt. Aus diesen frühen Erfahrungen entwickeln sich beim Säugling und späteren Kleinkind die Erwartungen über die Art und Weise des Zusammenseins mit anderen.

Frage nach dem Fokus des Problems

In den Gesprächen mit den Müttern fragen wir nach dem jeweiligen individuellen Fokus, nach dem zentralen Problembereich, der bei der Patientin die Störung auslöst bzw. sie aufrechterhält. Mithilfe einer Zielformulierung soll dann ein Zustand derart beschrieben werden, dass man daran klar und eindeutig erkennen kann, dass ein deutlich anderer Umgang mit dem Problem möglich ist. Ziel unserer Arbeit ist also, einen entgleisten Dialog zwischen Mutter und Kind wieder zu normalisieren und damit die Entwicklungsmöglichkeiten des Kindes zu verbessern. Zugleich erweitert sich dabei das Verständnis der Mutter für die inneren Zustände des Kindes und sie fühlt sich in ihrem Selbstverständnis als Mutter kompetenter und sicherer. Des Weiteren werden durch unsere Arbeit die »Gespenster« aus den Kinderzimmern der Mütter und manchmal auch der Väter, die aus der eigenen Lebensgeschichte der Eltern in die Beziehung zum Kind in bisher unverstandener Weise hineinwirkten, »enttarnt« und damit ihrer Macht beraubt. Bei unserem therapeutischen Vorgehen berücksichtigen wir den Entwicklungsstand des Kindes, die Bindungsstrategie des Kindes, die Bindungsstrategie der Mutter (Eltern) und die kognitiv-affektiven Fähigkeiten der Mutter hinsichtlich der Integration neuer Sichtweisen der Mutter-Kind-Beziehung. Wir verstehen unsere Station als sichere Basis im Sinne einer die individuellen Probleme verstehenden, stützenden und auffangenden Großfamilie, in der die Mütter für eine Zeit lang begleitet, gehalten und von Anforderungen der Außerwelt so lange geschützt sind, bis sie in der Lage sind, diese besser zu bewältigen.

Der Behandlungsverlauf

Abgesehen von einer plötzlich notwendigen Aufnahme, z. B. bei Wochenbettpsychose, vereinbaren wir nach einem Vorgespräch einen Aufnahmetermin. Bereits im Vorgespräch, das unter Beteiligung der später zuständigen Therapeutin und einem weiteren Teammitglied geführt wird, kommt es sowohl unter Berücksichtigung der Äußerungen als auch des Verhaltens der Mutter gegenüber ihrem Kind zu einer ersten Einschätzung des Behandlungsschwerpunktes, der bei Aufnahme nochmals überprüft wird. In der nächsten Teamsitzung werden dann die vorhergehenden Gespräche analysiert und es wird entschieden, ob wir uns als Team eine Behandlung vorstellen können. Und auch die Patientin wird aufgefordert, sich ihre Entscheidung gut zu überlegen. Auch sie wird bereits im Vorgespräch gebeten, ein Ziel für sich zu formulieren, z. B.,»dass mein Kind weniger schreit«. Unser Behandlungsziel formulieren wir dann vielleicht so:»Die Patientin soll ein Gefühl für die Zusammenhänge zwischen ihrer eigenen inneren Anspannung und dem Schreien des Kindes bekommen«, und wir stellen zugleich die Frage:»Woher kommt die innere Anspannung?« Den Behandlungsschwerpunkt (Fokus) sehen wir in der jeweils individuell und diagnoseunabhängig vorhandenen Beziehungsproblematik zwischen Mutter und Kind. Wir versuchen, diesen Fokus möglichst konkret zu formulieren und überprüfen ihn wöchentlich unter Beteiligung aller anwesenden Teammitglieder. Indem wir die Veränderungen dokumentieren, wird der therapeutische Prozess nachvollziehbar festgehalten. Zweiwöchentlich führen wir mit der Patientin und ihrem Kind sowie der behandelnden Therapeutin und der Bezugspflegeperson ein Therapieplanungsgespräch durch, in dem wir über das Erreichte und die zukünftigen Ziele der Patientin aus ihrer Sicht sprechen, sodass es immer wieder möglich ist, den gegenwärtigen Zustand mit den Zielen zu vergleichen. Darüber hinaus spricht die zuständige Therapeutin mit jedem Mutter-Kind-Paar dreimal wöchentlich (meist unter Beteiligung auch der älteren Kinder, grundsätzlich jedoch der Säuglinge). Zweimal wöchentlich findet eine Gruppentherapie mit den Müttern statt. Dort erleben wir unsere Patientinnen, wenn sie erste Versuche machen, einer»Fokuswahrnehmung« Handlungen folgen zu lassen, wenn auch noch im stationären Rahmen. Im Grunde sind die Einzelgespräche der Ort, an dem viel über Szenen aus der Gruppe nachgedacht wird, Parallelen zur Lebensgeschichte gezogen werden, Widerstände analysiert werden usw. Wir bleiben also nicht im Theoretischen, sondern vermitteln den Patienten durch entsprechende Fokussierung, dass der nächste anstehende Schritt bedeutet, entsprechende konkrete Veränderungsversuche zu unternehmen.

MERKE Zur Therapie gehört ein regelmäßiger Vergleich des gegenwärtigen Zustands mit den Zielen.

▬ ▬ Zusätzliche Angebote

Parallel zur Mutter-Kind-Therapie wird eine PEKIP-Gruppe angeboten (Prager Eltern-Kind-Programm) sowie auch Tanz- und Kunsttherapie (jeweils mit Mutter und Kind). Wenn möglich am Anfang, sonst bei erreichter psychischer Stabilität werden 5–15-minütige Videos von Mutter und Kind in Fütter- und Spielinteraktionen und beim Windelwechseln aufgenommen, die anschließend gemeinsam mit den Müttern betrachtet werden. Hierdurch verbessert sich die Wahrnehmung unserer Patientinnen hinsichtlich sich selbst und der ablaufenden Interaktion sowie die Feinfühligkeit gegenüber ihren Kindern. Die Väter integrieren wir über das Angebot einer ambulanten Vätergruppe, die auch nach dem Behandlungsende der Mutter und ihrem Kind noch weiter besucht werden kann. Die Vätergruppe stellt eine nicht unwesentliche Ergänzung unseres Behandlungsangebotes dar, denn sie ermöglicht nicht nur die Vermittlung von Wissen über die seelische Situation der behandelten Mutter, sondern schafft auch die Voraussetzung für einfühlendes Verstehen in der Partnerschaft. Regelmäßig ist eine Hebamme in unsere Arbeit eingebunden sowie ein Kinderarzt und ein Gynäkologe, bei Bedarf die örtlich vorhandene kinder- und jugendpsychiatrische Ambulanz. Nach Entlassung werden jedem Mutter-Kind-Paar drei ambulante Gespräche mit der Möglichkeit der

Überleitung in eine anderorts fortgeführte Psychotherapie bzw. Mutter-Säugling-Therapie angeboten sowie die Teilnahme an einer wöchentlich stattfindenden ambulanten Müttergruppe.

Wir behandeln Mütter mit den verschiedensten Störungsbildern (außer Drogen- und Alkoholsucht) zusammen mit ihren mehr oder weniger verhaltensauffälligen Kindern. Durchschnittlich bleiben die Frauen mit ihren Kindern etwa 60 Tage.

Das »Heppenheimer Modell der Mutter-Kind-Behandlung« stellt somit ein qualitätsgesichertes Modell stationärer Behandlung von Mutter und Kind in psychischen Krisen dar, in dem über die fokale Bearbeitung unangemessener Beziehungsmuster vor allem die Mutter-Kind-Beziehung und der selbstreflexive Zugang der Mutter zu sich selbst sowie deren Fähigkeit, über den innerpsychischen Zustand des Kindes nachzudenken, gefördert werden.

MERKE Gefördert wird die Umsetzung gewonnener Einsichten in die Realität des Stationsalltags und von dort aus in die außerklinische Erfahrungswelt.

Warum Mütter leiden
Eine interaktionszentrierte Mutter-Kind-Therapie
Christiane Hornstein

Die Geburt eines Kindes verändert das Leben der Eltern tiefgreifend und fordert von ihnen Umstellung und Neuorganisation fast aller Lebensbereiche. Viele liebgewordene Gewohnheiten und Rollen müssen aufgegeben oder neu definiert werden. Nach den körperlichen Belastungen von Schwangerschaft und Geburt sind die biologischen und hormonellen Veränderungen im Wochenbett für jede Mutter eine Herausforderung, die sie bisweilen an ihre Grenzen bringt. Bis es Mutter und Kind gelingt, sich aufeinander einzustellen und abzustimmen z. b. beim Stillen oder beim Schlaf- und Wachrhythmus, bis die Mutter gelernt hat, ihr Neugeborenes zu verstehen, und sie sich der Verantwortung für das Leben und Gedeihen ihres Babys gewachsen fühlt im Vertrauen auf ihre emotionale Bindung an das Kind und ihre mütterliche Kompetenzen, haben viele Mütter auch Erschöpfung, Selbstzweifel und Stunden von Traurigkeit und Angst durchlitten. Über die Hälfte aller Mütter entwickeln in den ersten Tagen nach der Geburt den sogenannten Babyblues, der nach etwa zehn Tagen spontan abklingt. Die postpartale Depression, unter der 10 bis 15 % aller Frauen nach der Geburt leiden, ist dagegen eine ernstzunehmende Erkrankung, bei der weder gut gemeinte Ratschläge noch Unterstützung allein die Erkrankung zum Abklingen bringen. So kann die Krankheit unbehandelt bis zu einem Jahr andauern oder auch chronisch werden. Auch andere psychische Erkrankungen wie Angst und Zwangserkrankung, bipolare oder schizophrene Psychosen können durch die Belastung von Geburt und früher Mutterschaft entweder wiederholt oder zum ersten Mal ausgelöst werden.

MERKE Depressionen nach der Geburt sind eine ernst zu nehmende Erkrankung.

Die postpartalen psychischen Erkrankungen unterscheiden sich von Krankheitsepisoden, die in anderen Lebensabschnitten auftreten, dadurch, dass die krankheitstypischen Symptome sich immer auch auf das neugeborene Kind beziehen. So leiden die depressiven Mütter unter Schuld- und Unzulänglichkeitsgefühlen ihrem Kind gegenüber, sind voller Ängste und Sorgen um die Entwicklung ihres Kindes. Viele Frauen sind beschämt und verzweifelt darüber, dass sie keine Zuneigung zu ihrem Kind empfinden können. Bei einigen Müttern entwickelt sich in der Depression eine Bindungsstörung an das Kind, das sie dann zunehmend ablehnen und nicht ertragen können. Ein Drittel der depressiven Mütter wird sogar von Zwangsgedanken gequält, das Kind zu schädigen. Auch in der Psychose beziehen sich fast immer unrealistische Gedanken und Wahrnehmungen auf das Baby. Durch die Erkrankung sind die Mütter meist nicht in der Lage, ihr Kind zu versorgen und die Mutter-Kind-Beziehung zu gestalten. Daraus kann sich ein Teufelskreis aus Missverständnissen zwischen Mutter und Baby entwickeln, in dem die Mutter immer mehr das Gefühl hat, zu versagen und vom Baby abgelehnt zu werden. Das Baby lernt rasch, dass es von seiner Mutter keine zuverlässige Zuwendung erwarten kann und dass sie ihm nicht helfen kann, seine Emotionen zu regulieren und seine Aufmerksamkeit anzuregen. Es zieht sich von der Mutter zurück. Langfristig können auf diese Weise beim Kind Verhaltensauffälligkeiten und Störungen seiner emotionalen und kognitiven Entwicklung auftreten. Diesem Teufelskreis kann vorgebeugt werden, wenn Mutter und Baby frühzeitig in eine Behandlung kommen, in der die Erkrankung der Mutter therapiert und die Beziehung von Mutter und Kind gefördert wird. Hierfür wurde das Wieslocher Interaktionale Therapiemodell entwickelt.

Wie Müttern geholfen werden kann

Das sogenannte Interaktionszentrierte Therapieprogramm wurde für die stationäre Mutter-Kind-Behandlung bei psychischen Erkrankungen nach Geburten entwickelt. Es ist »störungsübergreifend«, d. h., dass es für Mütter mit unterschiedlichen psychischen Erkrankungen geeignet ist. Es setzt sich aus den folgenden fünf Modulen zusammen:

Psychiatrisch-psychotherapeutische Behandlung der Mutter ▶ Mütter, die zu einer stationären Mutter-Kind-Aufnahme kommen, haben oft erfolglose Behandlungsversuche hinter sich und einen hohen Leidensdruck. Eine medikamentöse Behandlung ist bei vielen unumgänglich. Sie führt oft am schnellsten zu einer Besserung der Beschwerden, z. B. von Schlafstörungen, Angst und Unruhe. Dies bedeutet jedoch nicht zwingend das Ende fürs Stillen. Vor- und Nachteile des Stillens unter der Einnahme von Medikamenten werden ausführlich mit den Eltern besprochen und gemeinsame Entscheidungen getroffen. Psychotherapeutische Gespräche ergänzen die Pharmakotherapie und sind bei leichteren Erkrankungen eine Alternative.

Interaktionszentrierte Müttergruppe ▶ Durch das therapeutisch geleitete Gruppengeschehen entlasten sich die Mütter emotional und setzen sich mit ihrer Rolle als Mutter auseinander, z. B. mit den Erwartungen, die andere, etwa der Partner, an sie stellen oder die sie selbst an sich stellen und die sie oft überfordern. Für viele Mütter gilt es, sich zumindest vorübergehend von früheren Rollen und Freiheiten zu verabschieden. Die Mütter setzen sich mit ihren individuellen Stressfaktoren auseinander und lernen, diese durch geeignete Strategien zu bewältigen oder sich angemessene Hilfe zu suchen. Die Sensibilisierung für kindliche Signale und

Bedürfnisse sowie Informationen über die Entwicklungsschritte des Kindes vermitteln der Mutter Sicherheit. Krankheitsauslösende und aufrechterhaltende Belastungen können durch ein individuell erprobtes Stressmanagement reduziert werden und damit zur Gesundung und Rückfallvorbeugung beitragen. In zehn Gruppenstunden erarbeiten die Mütter die folgenden Themen: *Rollenbilder, Wahrnehmung positiver Gefühle, Stressfaktoren, Stressbewältigungsstrategien, Krisenmanagement, Neugierde bei der Beobachtung des Kindes, die Bedeutung der beschreibenden Sprache der Mutter, kindlichen Signalen ein Echo geben, Beruhigungstechniken, Führen und Folgen im Umgang mit dem Kind.*

Bei den Gruppensitzungen werden beispielhaft Videos, auf denen Mütter in gutem Kontakt mit ihrem Baby sind, miteinander beobachtet und analysiert. Die Patientinnen erhalten die Hausaufgabe, das beobachtete Verhalten selbst mit ihrem Kind zu erproben und ihre eigenen Erfahrungen in die nächste Gruppenstunde einzubringen. So werden die Mütter zu Expertinnen für ihre eigene Mutterschaft.

Videogestützte Psychotherapie der Mutter-Kind-Beziehung ▶ Geleitet durch die Therapeutin betrachtet die Mutter sich selbst in Alltagssituationen mit ihrem Kind, z. B. beim Wickeln, Füttern und Spielen. Der Blick aus der Perspektive des Beobachters erleichtert der Mutter die Selbstwahrnehmung. Die Therapeutin betont die trotz der Erkrankung noch vorhandenen Stärken der Mutter im Umgang mit ihrem Baby und nutzt diese zum Aufbau von mütterlicher Feinfühligkeit im emotionalen Austausch mit dem Kind. Durch das Bild gelingt es der Mutter oft nach wenigen Sitzungen, wieder einen Zugang zu sich und dem Baby zu finden. Darüber, dass sie ein positives Gefühl aufbauen kann, lassen sich ihre verzerrten Vorstellungen gut korrigieren. Unterstützt von der Therapeutin lernt die Mutter, die Signale ihres Babys zu verstehen und darauf eine adäquate Antwort zu geben, um dem Baby erste Selbstwirksamkeitserfahrungen zu vermitteln. Zum Beispiel lernt das Baby, dass auf sein Lächeln die Mutter prompt mit einem liebevollen Lächeln antwortet und dass es in der Lage ist, diese Art von Gegenseitigkeit verlässlich immer wieder hervorzurufen. Oder die Mutter erlebt über eine Videoaufnahme, wie es ihr gelingt, den aufmerksamen Blick ihres Babys auf sich zu ziehen, wenn sie beispielsweise beim Wickeln beschreibt, was sie gerade macht, und sie dadurch das Baby dazu bringt, bei den Aufgaben, die sie vorgibt und für die sie den Rahmen und das Ziel bestimmt, mitzumachen. Dadurch, dass die Mutter in der Therapie lernt, Situationen, in denen sie führt, z. B. beim Wickeln und Füttern, von solchen zu unterscheiden, in denen sie dem Kind folgt, z. B. beim Spiel, gewinnt die Mutter Struktur und Selbstsicherheit, die sie dem Baby vermitteln kann, damit es gestützt und geschützt von ihr seine Umwelt erforschen, Neugierde und erste Ansätze von Autonomie entwickeln kann.

Die Bilder aus den Videoaufzeichnungen sind auch das Tor zu unbewussten Verhaltensmustern und Gefühlen oder Erlebnissen einer Mutter aus der eigenen Kindheit, die manchmal die jetzige Beziehung zu ihrem Baby überschatten. In der Videotherapie kann sie lernen, zwischen Vergangenheit und dem Hier und Jetzt zu unterscheiden, und neue Beziehungserfahrungen erproben.

Unterstützung der Mutter-Kind-Beziehung im Alltag ▸ Entlastung der Mutter und Hilfen bei den Alltagsverrichtungen durch speziell geschulte Erzieherinnen und Mitarbeiter des Pflegeteams beginnen jeden Morgen beim gemeinsamen Frühstück. Hier wird der

Tagesablauf besprochen und Termine, z. B. beim Kinderarzt, organisiert. Bei gemeinsamen Unternehmungen machen die Mütter die Erfahrung, dass viele Dinge, die schwierig erschienen, etwa der Gang durch den Supermarkt, auch mit dem Baby möglich sind, vor allem, wenn sich Mütter gegenseitig unterstützen können. Durch die sogenannten Auszeiten zweimal in der Woche, in denen die Mütter ihr Baby in der Obhut der Erzieherinnen lassen, erleben die Mütter, dass sie sich auch von ihrem Kind trennen und Zeit für sich selbst haben können, ohne dass die Beziehung zueinander leidet. Bei der Babymassage zweimal pro Woche wird über den Körperkontakt die Nähe und Bindung zum Kind gefördert.

Arbeit mit Vätern und Angehörigen ▶ Entlastung, Aufklärung und Bearbeitung von Konflikten, die nicht selten durch die Erkrankung der Mütter entstehen, sind Themen der Paar- oder Familiengespräche sowie des Angehörigenseminars. Die Väter sind wichtige Bezugspersonen auf der Station und gern gesehene Gäste, die am Abend und Wochenende auch auf Station übernachten können. Im Angehörigenseminar werden typische Themen wie die Erkrankung und ihre Behandlungsmöglichkeiten besprochen. Im Zentrum der Angehörigengespräche steht jedoch die Herausforderung der frühen Elternschaft mit ihren Rollenübergängen und den daraus entstehenden Aufgaben für die Gestaltung der Familie. Der Vater soll dafür gewonnen werden, seinem Kind Beziehungserfahrungen zu vermitteln, wenn die Mutter krankheitsbedingt hierzu nur vermindert in der Lage ist. Das Rüstzeug erhält er ähnlich wie die Frauen in der Müttergruppe durch ein kurzes videogestütztes Training in elterlicher Feinfühligkeit, ergänzt durch entwicklungspsychologische Informationen. Hierdurch soll ein übereinstimmendes Beziehungs- und Erziehungsverhalten von Vater und Mutter gefördert werden. In dem abschließenden Paargespräch vor der Entlassung werden die Stärken der Familie nochmals bewusst gemacht. Wir motivieren die Eltern, die Lösungsansätze, die während der Behandlung erarbeitet wurden, und das während der Behandlung aufgebaute soziale Netz in der häuslichen Umgebung zu nutzen.

Warum eine Mutter-Kind-Behandlung notwendig ist

Postpartale psychische Erkrankungen haben eine gute Heilungschance, vor allem, wenn sie früh erkannt und behandelt werden. Aufklärung in der allgemeinen Öffentlichkeit und eine Vorsorge, bei der Hebammen, Kinderärzte und Gynäkologen mitwirken, wird es den Müttern leichter machen, die Erkrankung zu erkennen und gemeinsam mit ihrem Kind eine Behandlung in Anspruch zu nehmen. Es reicht jedoch nicht aus, dass allein die Erkrankung der Mutter behandelt wird, wie jüngst Studien gezeigt haben. Denn mit dem Abklingen der Krankheitssymptome verbessert sich nicht gleichermaßen die Beziehung einer Mutter zu ihrem Kind. Erst wenn es der Mutter gelingt, eine Bindung zu ihrem Kind zu empfinden, wird sie sich ihrem Baby feinfühlig gegenüber verhalten können und die sogenannten intuitiven mütterlichen Kompetenzen an den Tag legen, die die Voraussetzungen dafür sind, dass auch das Kind eine sichere Bindung an seine Mutter entwickelt.

BEISPIEL Eine Mutter, Frau K., schildert dies so: »Schließlich bin ich mit Daniel für sechs Wochen in die Klinik gegangen. Dort gab es andere Mütter, denen es ging wie mir und die mich verstanden. Allein das half. Dann sagte mir eine Ärztin: Sie sind keine schlechte Mutter, denn Sie tun alles, um für sich und Ihr

Kind Hilfe zu finden. So hatte ich das noch nicht bewusst gesehen. Am Anfang halfen mir vor allem die Medikamente gegen Depression aus dem Loch heraus. Und dann ging manchmal ein inneres Türchen zu Daniel einen Spalt weit auf. Wenn ich ihm im Schlafen zusah, so klein lag er da, da habe ich ihn gebraucht. Diesen Kontakt zwischen Daniel und mir haben die Ärzte gefördert. Am meisten half mir die Videotherapie. Ich sah plötzlich, wie er meinen Blick suchte und mich anlachte, das tat gut. Dabei dachte ich früher, wenn er strampelte, er tritt nach mir, bis ich auf dem Video sah, er strampelt die ganze Zeit, das ist er, er will, dass ich mit seinen Füßen spiele. Wenn ich jetzt auf seine Füße pruste, dann lacht er und ich bin glücklich.«

Frau K. ist kein Einzelfall. In einer eigenen Studie konnten wir zeigen, dass sich nicht nur die Mütter unter der Therapie positiv verändern. Sowohl ihre Selbstwahrnehmung als auch ihre emotionale Bindung an das Kind verbesserten sich. Auch ihr Verhalten veränderte sich in vielen Merkmalen: Zum Beispiel reagierten die Mütter häufiger und schneller auf ihre Babys, sie lächelten mehr, hielten Blickkontakt und sprachen mehr mit ihrem Baby. Aber auch die Babys veränderten sich, sie lächelten mehr mit ihren Müttern, die sie jetzt aufmerksamer und häufiger anschauten, und sie gaben mehr Laute von sich. Manche Mutter-Kind-Beziehungen verbesserten sich – wie die Nachuntersuchung nach sechs Monaten ergab – sogar weiter, sodass die Wirksamkeit des Therapieprogramms gut belegt ist. Dies ist ein Hinweis darauf, wie wir durch das interaktionale Therapieprogramm auch kindlichen Entwicklungsstörungen vorbeugen können.

Verantwortung übernehmen
Die Arbeit der Evangelischen Beratungsstelle Würzburg

Andreas Schrappe

In den früheren Auflagen dieses Bandes berichtete Johann Brumm über erste Erfahrungen mit Kindern psychisch erkrankter Eltern aus Sicht der Erziehungsberatung in Würzburg. Seit diesem Startschuss hat das Engagement der Evangelischen Beratungsstelle für betroffene Familien stetig zugenommen. Weitere Mitarbeitende qualifizierten sich für die beraterisch-therapeutische Arbeit mit dieser Zielgruppe. Jährlich wird eine Präventionsgruppe für Kinder unter dem Motto »Gute Zeiten – schlechte Zeiten« durchgeführt. Die Beratungsstelle initiierte einen interdisziplinären Arbeitskreis mit Fachkräften aus Psychiatrie und Jugendhilfe und veranstaltet regelmäßig Vorträge und Fachtagungen. 2005 wurde das illustrierte Kinderfachbuch »Sonnige Traurigtage« der Mitarbeiterin Schirin Homeier veröffentlicht, das in Familien wie in Facheinrichtungen zur Aufklärung der Kinder über die elterliche psychische Erkrankung genutzt wird.

Erziehungsberatung ist ein Angebot innerhalb der sogenannten Hilfen zur Erziehung, die im Kinder- und Jugendhilfegesetz (SGB VIII) als staatliche Pflichtleistungen aufgeführt sind. Mit Familien zu arbeiten, bei denen Vater oder Mutter eine psychische Erkrankung haben, ist in dieser Hinsicht keine Besonderheit, sondern die Erfüllung des gewohnten Auftrags. Auch die Zielgruppe ist nicht wirklich neu – bei genauem Hinsehen dürfte sich unter den Ratsuchenden jeder Erziehungs- und Familienberatungsstelle eine Vielzahl von Kindern mit ihrem psychisch erkrankten Elternteil befinden. Die Frage ist allerdings, ob dies in der Beratung fachlich genügend berücksichtigt wird.

Im Laufe der Jahre hat sich in der Würzburger Beratungsstelle die Wahrnehmung für eine etwaige psychische Belastung der Familie geschärft. Auf behutsames Nachfragen hin wird oft erst deutlich, dass zum Beispiel hinter der »Unaufmerksamkeit eines neunjährigen Mädchens in der Schule« eigentlich die Sorge um die daheim gebliebene depressive Mutter steckt. Oder dass die im Aufnahmegespräch genannte »mehrwöchige Auszeit der Mutter in einer Kureinrichtung« in Wirklichkeit eine psychiatrische Klinikbehandlung meint. Verantwortung für eine neue Zielgruppe zu übernehmen heißt darüber hinaus, die betroffenen Familien über andere Einrichtungen und Multiplikatoren aktiv anzusprechen und auf die Angebote einer Erziehungs- und Familienberatungsstelle hinzuweisen, die sie sonst aus Scheu und Misstrauen nicht aufsuchen würden. Auf welchem Konzept beruht dieses Engagement der Evangelischen Beratungsstelle Würzburg?

Acht Thesen zur Unterstützung von Familien mit einem psychisch kranken Elternteil

Hilfe für betroffene Kinder und Eltern ist nötig und möglich. Es gibt inzwischen bewährte Arbeitsansätze und Kooperationsstrukturen für die verschiedenen Bedürfnislagen und Problemstellungen der Familien.

Keine Einrichtung (Klinik, Beratungsstelle, Projekt ...) ist allein in der Lage, die ganze Bandbreite der erforderlichen Hilfen bereitzuhalten. Notwendig ist vielmehr ein Netzwerk verschiedener Stellen und Angebote.

Es braucht in diesem Arbeitsfeld nicht so sehr zusätzliche Spezialeinrichtungen, sondern größere Kapazitäten und neue

Angebote bei den bestehenden Diensten sowie deren bessere Qualifizierung und Vernetzung. Die betroffenen Familien lassen sich nicht gut weiterverweisen. Daher sollte jede Institution, bei der ein Kind oder Elternteil Anschluss gefunden hat, zumindest so weit qualifiziert sein, dass sie eine Erste Hilfe leisten kann im Hinblick auf die familienbezogenen Folgen einer psychischen Erkrankung.

Wer sich für Familien mit einem psychisch kranken Elternteil engagiert, muss bereit sein, mental und praktisch die eigene Arbeitsstätte zu verlassen und die Grenze hin zu anderen Berufsgruppen und Einrichtungen zu überschreiten.

Entscheidend für den Aufbau eines Hilfsangebots ist die Kooperation aller beteiligten Dienste und Professionen. Insbesondere muss die Fremdheit zwischen den beiden Versorgungsbereichen Jugendhilfe und Psychiatrie überwunden werden.

Für jede Region sollte ein integrierter Versorgungsplan erstellt werden, der die vorhandenen oder zu schaffenden Angebote und Kooperationsformen bündelt bzw. benennt. Dabei können die vorhandenen Strukturen wie die Psychosozialen Arbeitsgemeinschaften oder die Netzwerke zum Kindesschutz berücksichtigt werden.

Erziehungs- und Familienberatungsstellen haben als niedrigschwellige Einrichtungen der Jugendhilfe in besonderer Weise die Kompetenz und die Aufgabe, präventive und beraterische Angebote für die Kinder psychisch erkrankter Eltern bereitzuhalten und die erforderliche Vernetzung aufzubauen.

▰ ▰ Möglichkeiten und Grenzen von Erziehungs- und Familienberatungsstellen

Probleme aufgrund einer elterlichen psychischen Erkrankung kommen meist nicht isoliert vor, sondern in Verbindung mit kindlichen Entwicklungsproblemen, Schulschwierigkeiten, allgemeinen Erziehungsfragen sowie Paarkonflikten bis hin zu Trennung und Scheidung. Für die Fachkräfte in Erziehungs- und Familienberatungsstellen sind diese Themen vertrautes Gelände, sodass die Familien zu all diesen Fragestellungen Hilfe aus einer Hand bekommen können. Die erforderlichen Arbeitsformen wie Spieltherapie, Eltern- und Familienberatung, Einzel- und Gruppenangebote sind in der Regel vorhanden. Dank der für Beratungsstellen typischen familientherapeutischen Orientierung kann der ganzen Familie Rechnung getragen werden, Kinder- und Erwachsenenperspektive werden zusammengebracht.

> **TIPP** In der Erziehungs- und Familienberatungsstelle bekommt man zu allen Fragestellungen Hilfe aus einer Hand.

Ein weiterer Vorteil ist, dass die betroffenen Familien die Beratungsstellen in erster Linie mit Hilfe in Verbindung bringen und weniger mit Kontrolle. Außerdem ermöglicht ihnen die Schweigepflicht der Beraterinnen und Berater, auch angst- und schambesetzte Themen wie massive Erziehungsdefizite offenzulegen. Der Zugang gilt als einfach, da weder ein aufwendiges Antragsverfahren noch eine medizinische Eingangsdiagnose erforderlich sind, um Hilfe zu erhalten.

An die Grenzen ihrer Möglichkeiten kommen Erziehungsberatungsstellen bei akuten psychischen Krisen der Eltern. Hier muss umgehend auf die psychiatrischen Einrichtungen verwiesen und mit den zuständigen Stellen für die erforderliche Betreuung der Kinder gesorgt werden. Wenn gewichtige Anzeichen für eine Kindeswohlgefährdung vorliegen und die Eltern nicht bereit oder in der Lage sind – auch nicht mithilfe der Beratungsangebote – diese Gefährdung zu beenden, werden die Fachkräfte von Beratungsstellen gleichwohl die nach § 8a SGB VIII erforderlichen Schritte zum Schutz des Kindeswohls einleiten.

Das Würzburger Präventions- und Qualifizierungsprojekt

Wenn die Evangelische Beratungsstelle von 2008 bis 2011 das dreijährige Würzburger Präventions- und Qualifizierungsprojekt »Hilfen für Kinder psychisch kranker Eltern und ihre Familien« durchführen will, ist dies – in der Sprache der Computerprogramme formuliert – der Schritt von der »Demoversion« zur »Vollversion«. In die Konzeption des Projekts fließen dabei neben den eigenen langjährigen Erfahrungen auch die vorbildlichen Ansätze anderer Projekte ein, wie sie in der Bundesarbeitsgemeinschaft »Kinder psychisch erkrankter Eltern« vernetzt sind.

Beim Baustein 1 werden die Kapazitäten der Evangelischen Beratungsstellen im präventiv-therapeutischen Bereich deutlich ausgebaut, sodass sie Familien aus der gesamten Region Unterfranken zugutekommen können. Das Kindergruppenangebot kann auf drei Altersstufen (6–9 Jahre, 10–12 Jahre, Jugendliche) ausgedehnt werden. Vorhandene Konzepte von Elterntrainings zum Aufbau einer sicheren Eltern-Kind-Bindung (SAFE – Sichere Ausbildung für Eltern) oder eines positiven Familienalltags (Triple P – Positive Parenting Program) sollen für die Arbeit mit psychisch belasteten Eltern und ihren Partnern

Beratung aus einer Hand: Die Bausteine des Würzburger Präventions- und Qualifizierungsprojekts

Baustein 1: Prävention fallbezogen	Qualifizierte Fallarbeit mit Kindern, Eltern und Familien
	Gruppenarbeit mit Kindern und Jugendlichen
	»Gute Zeiten – schlechte Zeiten« in drei Altersstufen
	Gesprächs- und Schulungsgruppen für Eltern
	Fallarbeit in anderen Einrichtungen, gemeinsame Hilfeplangespräche
	Präsenz in (sozial-)psychiatrischen Einrichtungen, wie Elternabende, Familiensprechstunde usw.
	Begleitete Selbsthilfegruppe für erwachsene Kinder psychisch Kranker
Baustein 2: Prävention fallübergreifend	Vorträge und Öffentlichkeitsarbeit
	Elternarbeit im Schul- und Vorschulbereich
	Multiplikatorenarbeit mit Fachkräften aus Kindertageseinrichtungen und Schulen
	Erstellung und Verbreitung von Aufklärungsmaterialien
	Aufbau einer Website für Betroffene und Multiplikatoren
Baustein 3: Qualifizierung	Erstellung eines Fortbildungscurriculums
	Durchführung von Fortbildungen für Fachkräfte aus Jugendhilfe, (Sozial-)Psychiatrie, Kinder- und Jugendpsychiatrie
	Indoor-Schulungen in einzelnen Einrichtungen
	Berufsgruppenspezifische oder -übergreifende Fachtagungen
	Qualifizierung der Projektmitarbeiter durch Tagungen und Hospitationen in anderen Projekten
Baustein 4: Kooperation	Aufbau und Leitung eines interinstitutionellen Kooperationsverbundes »Kinder psychisch kranker Eltern«
	Etablierung wechselseitiger Kooperation
	Aufbau innovativer Angebote, Anstöße zur Schließung bestehender Versorgungslücken
	Veröffentlichung der Projektevaluation und -dokumentation für andere Einrichtungen und Versorgungsgebiete

nutzbar gemacht werden. Wie in der Bindungsforschung oder der Mutter-Kind-Behandlung üblich, können dabei Videoaufnahmen für die direkte Rückmeldung an die Eltern eingesetzt werden.

Neue Wege werden in der fallbezogenen Kooperation mit anderen Berufsgruppen und Diensten beschritten. Vorstellbar sind zum Beispiel Elternabende in einem Sozialpsychiatrischen Dienst oder gemeinsame Hilfeplangespräche in einer psychiatrischen Praxis. Mit der psychiatrischen Klinik der Universität Würzburg ist angedacht, eine regelmäßige Vor-Ort-Präsenz von Projektmitarbeitenden auf Station einzurichten, etwa in Form einer wöchentlichen »Familiensprechstunde«.

Aus dem Baustein 2 ist die allgemeine Öffentlichkeitsarbeit hervorzuheben. Mit Presseartikeln, Kinderbuchpräsentationen oder Vorträgen in Familienbildungsstätten wird die Ausgrenzung von Familien mit einem psychisch Kranken problematisiert und die Aufklärung über die Situation der Kinder und Eltern vorangetrieben. Betroffene, Bezugspersonen und Fachkräfte bekommen mit einer Website die wichtigsten Informationen zur Verfügung gestellt, inklusive einer Übersicht über spezialisierte Dienste in der Region.

Planung und Durchführung von Qualifizierungsmaßnahmen, wie in Baustein 3 beschrieben, nehmen im Projekt eine zentrale Rolle ein. Aufgrund der beschriebenen Fremdheit zwischen Jugendhilfe und Erwachsenenpsychiatrie gibt es wenig fachlichen Transfer. Häufig haben die Fachkräfte über die Arbeitsweise im jeweils anderen Versorgungsbereich nur eingeschränkte Vorstellungen. Hier kann Qualifizierung Abhilfe schaffen und die erforderlichen Kompetenzen vermitteln, sodass die Kinder- und Erwachsenenperspektive nicht gegeneinander ausgespielt, sondern miteinander verbunden werden.

Kooperation und Vernetzung, die Stichworte von Baustein 4, müssen frühzeitig und fallunabhängig etabliert werden. Die Vertreter beteiligter Einrichtungen und Versorgungsbereiche machen dabei einander transparent, worin ihre jeweiligen Angebote für die Kinder bzw. Eltern bestehen, wie sie in Anspruch genommen und finanziert werden und nach welchen Konzepten und Leitlinien gearbeitet wird.

Entwicklungen für die Zukunft

Im Rahmen eines Kooperationsverbunds zwischen den verschiedenen Einrichtungen könnte die Versorgungsrealität in einer Region kritisch untersucht werden. Wo Angebotslücken festgestellt werden, sollten gemeinsame Initiativen entwickelt werden, um das Netz der Hilfen dichter zu knüpfen.

In der Evangelischen Beratungsstelle Würzburg gelangen mehr und mehr auch die Kinder suchtkranker Eltern in den Blick, schließlich ist ihre Situation und ihr Hilfebedarf vergleichbar. Zudem finden sich bei den Erwachsenen häufig Doppeldiagnosen von Sucht- und psychischer Erkrankung. Im Rahmen ihres gesetzlichen Auftrags hat die Evangelische Beratungsstelle Würzburg schon immer auch mit suchtbelasteten Familien zu tun gehabt – diese Erfahrungen mündeten ein in das Kinderfachbuch »Flaschenpost nach irgendwo«, ein Bilderbuch mit Erläuterungs- und Ratgeberteil.

Spezifische Angebote für Familien mit einem psychisch kranken Elternteil befinden sich in Deutschland zumeist in einem Projektstadium, nur selten haben sich die Kostenträger zu einer regelmäßigen Finanzierung bereiterklärt. Für die Zukunft ist daher zu fordern, dass in den nächsten Jahren die finanziellen und fachlichen Zuständigkeiten klar und verlässlich geregelt werden. Schließlich geht es darum, Verantwortung für eine neue Zielgruppe zu übernehmen.

Literatur

Homeier, S. (2005). Sonnige Traurigtage. Kinderfachbuch für Kinder psychisch kranker Eltern. Frankfurt.
Homeier, S.; Schrappe, A. (2008). Flaschenpost nach irgendwo. Kinderfachbuch für Kinder suchtkranker Eltern. Frankfurt.
Schrappe, A. (2005). Was wird aus den Kindern? Beratung als Hilfe für Kinder psychisch kranker Eltern. Informationen der Bundeskonferenz für Erziehungsberatung, 2, S. 28–30.

Vorbeugen ist wichtig
KIPKEL – ein ambulantes Präventionsprojekt

Susanna Staets

Bei KIPKEL handelt es sich um ein präventives Beratungsangebot für Kinder psychisch kranker Eltern. 1998 begann die Projektarbeit zunächst noch mit großer Unsicherheit und auch Unerfahrenheit, mit geringen finanziellen Mitteln, aber mit viel Engagement.

KIPKEL hat im Zeitraum der letzten zehn Jahre von 1998 bis 2008 insgesamt 650 Kinder und deren Familien betreut, ein enges Kooperationsnetz zwischen Erwachsenenpsychiatrie und örtlicher Jugendhilfe aufgebaut, mehr Transparenz und Offenheit innerhalb der betroffenen Familien und im familiären Umfeld erreicht, den Abbau von Tabus im Umgang mit psychisch kranken Menschen bewirkt, in der Öffentlichkeit Interesse und ein Problembewusstsein für die Belastungen und Nöte der Kinder geweckt sowie fachliche Unterstützung und Begleitung beim Aufbau weiterer Projekte für Kinder psychisch kranker Eltern bundesweit geleistet.

Das Konzept

Wichtig für das Konzept von KIPKEL ist eine Kontaktaufnahme mit den betroffenen Eltern im stationären Bereich, die Zusammenarbeit mit anderen zuweisenden Stellen und der Aufbau von Vertrauen bei den Eltern.

Voraussetzung für die Akzeptanz des Präventionsprojektes durch die betroffenen Familien ist dabei vor allem eine niedrige Eingangsschwelle. Hierzu müssen die Sorgen der Eltern vor einer Überforderung ihrer Kinder entkräftet werden.

Zielsetzung des Projektes ist es, die Persönlichkeitsentwicklung der Kinder in einem schwierigen familiären Umfeld zu unterstützen. Das Beratungsangebot beinhaltet neben Familiengesprächen vor allem Einzelkontakte und Gruppenarbeit mit den Kindern. Kindgerechte Informationsvermittlung über die psychische Erkrankung der Eltern fördert das gegenseitige Verständnis in der Familie und bildet die Grundlage für den Abbau von Ängsten. In einem strukturierten Rahmen soll »Kindsein« ermöglicht werden. Die Kinder erhalten die Gelegenheit, durch künstlerisches Gestalten und spielerisches Tun die überfordernden Erlebnisse emotional zu verarbeiten. Weitere Elemente des KIPKEL-Projekts sind die Familienarbeit, offene Sprechstunden und die Netzwerkarbeit.

■ ■ Die Organisation des Projekts

Das Präventionsprojekt KIPKEL betreut Familien mit minderjährigen Kindern, in denen ein oder beide Elternteile an einer endogenen Psychose (bipolare Erkrankung), einer Schizophrenie oder einer schweren Persönlichkeitsstörung leiden.

Im Projekt sind fünf Mitarbeiter (Kinder- und Jugendlichentherapeuten, Familientherapeuten, Sozialpädagogen, Sozialarbeiter) tätig. Dabei ist eine Fachkraft halbtags angestellt, die übrigen Mitarbeiter sind freiberuflich mit unterschiedlicher Stundenzahl beschäftigt. Zusätzlich stehen zwei Fachärzte für Familiengespräche zur Verfügung.

Zur finanziellen Absicherung der praktischen Arbeit wurde ein Förderverein gegründet, der die rechtliche Anerkennung der Gemeinnützigkeit hat. So ist es möglich, von Organisationen und Privatpersonen Spendengelder zu akquirieren. Eine öffentliche Förderung wurde erreicht, indem einige Städte ein Jahresbudget für das KIPKEL-Projekt bewilligten. Von Anfang an haben wir auf die Finanzierung des Projekts durch die gesetzlichen Krankenkassen verzichtet, um eine Pathologisierung der Kinder zu vermeiden und den präventiven Charakter unserer Arbeit zu gewährleisten.

Kontaktaufnahme mit den Eltern im stationären Bereich

Die Zusammenarbeit mit den Psychiatrischen Fachkliniken könnte in den letzten Jahren intensiviert werden. Wöchentlich finden auf verschiedenen Stationen und in der Tagesklinik Erstkontakte durch Einzelgespräche mit den Eltern statt. Dabei geht es zunächst um den Aufbau einer Vertrauensbasis, um Abbau von Ängsten und um die Einwilligung der Eltern in eine Betreuung ihrer Kinder.

Diese erste Phase erfordert große Behutsamkeit, es ist einer der sensibelsten Prozesse unserer Arbeit, weil Eltern Angst haben:

- ihre Kinder könnten aus der Familie herausgenommen werden,
- vor dem Verlust ihrer elterlichen Kompetenz,
- vor Stigmatisierung,
- vor Autoritätsverlust,
- vor Liebesentzug der Kinder,
- vor Gesprächen mit ihren Kindern über ihre Erkrankung,
- ihre Kinder zu belasten.

Aufbau von Vertrauen und Bereitschaft zur Zusammenarbeit

Die Gespräche auf den Stationen werden immer in Kooperation mit dem behandelnden Arzt geführt. Während des gesamten Klinikaufenthalts besteht die Möglichkeit, den Elternkontakt zu intensivieren, um so die weitere Arbeit im ambulanten Bereich vorzubereiten.

Die Unsicherheit der Eltern, mit ihren Kindern über ihre Erkrankung, ihre Befindlichkeit und auch über die notwenige stationäre Behandlung zu sprechen, wird in dieser Phase besonders deutlich. Häufig sind sie davon überzeugt, dass ihre Kinder nicht belastet sind, da diese keine Fragen stellen. Diese gegenseitige Rücksichtnahme führt dazu, dass kaum Kommunikation stattfindet. Die Eltern benötigen Unterstützung, um ihre Kinder ohne Schuldzuweisung als Betroffene wahrnehmen zu können. So tragen sie dazu bei, das Schweigen innerhalb der Familie aufzulösen.

TIPP **Erlauben Sie den Kindern, über ihre Erfahrungen und ihre Gefühle zu sprechen. Ohne diese Zustimmung kommen die Kinder in Loyalitätskonflikte, erleben ihr Reden als Verrat am kranken Elternteil.**

Viele Eltern neigen dazu, sich nur als kranken Menschen zu definieren, sie nehmen ihre Kompetenzen und gesunden Anteile während der akuten Erkrankung kaum wahr. Sie haben Schuldgefühle, glauben, nicht ausreichend und unterstützend für ihre Kinder sorgen zu können. Aus dieser eingeengten Sichtweise und auch oft aus Mangel an korrigierenden Kontakten mit anderen nicht erkrankten Eltern können sie die »normalen«, entwicklungsbedingten schwierigen Verhaltensweisen ihrer Kinder nicht einordnen bzw. sehen sie als Folge ihrer Erkrankung.

Im geschützten Rahmen der Klinik ist es möglich, die Eltern in einer Gruppe beispielsweise zum Thema »Ich erlebe meine Kinder als Vater oder Mutter« über übliche entwicklungsbedingte Verhaltensweisen der Kinder zu informieren, sie dabei zu ermutigen, Grenzen zu setzen oder mit Humor schwierigen Situationen zu begegnen. Der Austausch in der Gruppe entlastet und bringt eine andere, neue Form von Lebendigkeit. Wir beobachten, dass Eltern dann außerhalb der Gruppe Gespräche über ihre Kinder führen. Das fördert die Bereitschaft der Eltern, sich auf eigene therapeutische Angebote einzulassen.

Noch während der stationären Behandlung können gemeinsame Gespräche mit dem behandelnden Arzt und den zuvor in der Familie tätigen Fachkräften stattfinden. Dies fördert Kooperation untereinander und macht die Arbeit für die betroffenen Eltern transparenter.

Immer sollte die Arbeit mit einem Fachgespräch der Helfer beginnen. So können ein Kooperationsnetz aufgebaut und konkurrierende Tendenzen verhindert werden. Die unterschiedlichen Arbeitsschwerpunkte der verschiedenen Institutionen können sich so zu einem konstruktiven Arbeitsbündnis entwickeln.

Bei nicht krankheitseinsichtigen und das Betreuungsangebot ablehnenden Eltern versuchen wir Kontakt zur Familie über den nicht erkrankten Elternteil aufzubauen. Wenn eine Unterbringung eines Kindes in einer Pflegestelle oder einer Heimgruppe erforderlich ist, begleiten wir – so weit wie möglich – die trauernden Eltern und Kinder. Wir versuchen, Besuchskontakte zwischen den Eltern und der Ersatzfamilie zu gestalten.

▪ ▪ Der erste Kontakt mit der Familie

Der erste Kontakt mit der Familie erfolgt nach der Entlassung der Eltern aus der stationären Behandlung. Dazu werden alle Familienmitglieder eingeladen. Häufig sind die Kinder aber zunächst neugierig und angespannt, weil sie oft nur unzureichende Vorinformationen von den Eltern haben. Darum informieren wir zunächst über den Grund der Einladung zu diesem Familiengespräch. Selten wird schon bei diesem ersten Treffen das Thema psychische Krankheit von Vater oder Mutter vertieft. Die Kinder berichten aus ihrer Erlebniswelt, über eventuell gemeinsame Aktivitäten in der Familie usw. Diese behutsame Annäherung an ein gemeinsames schwieriges Thema, an gemeinsame belastende Erfahrungen wird von uns begleitet und unterstützt. Das erste Familiengespräch schließt mit einer Vereinbarung für die weitere Zusammenarbeit und Terminabsprachen für die Treffen mit den Kindern und Eltern ab.

Die Arbeit mit den Kindern im Einzelkontakt

Es muss zunächst geklärt werden, ob das bestehende präventive Angebot für die Kinder ausreicht oder ob bereits eine intensivere psychotherapeutische Arbeit erforderlich ist. In einem solchen Fall unterstützen wir die Eltern bei der Suche nach einem geeigneten Therapeuten. Die Kinder begleiten wir bis zum Beginn ihrer Therapie.

Kinder haben sehr eigene Themen und Wünsche. So können die bevorstehende oder bereits erfolgte Trennung der Eltern, oft verbunden mit Wohnungswechsel, mit Verlust von Freunden oder Klassenkameraden, finanzielle Einschränkungen, Probleme in der Schule, Streit mit den Geschwistern, Wunsch nach Kontakt mit Gleichaltrigen im Vordergrund stehen.

> **MERKE** Erst wenn eine Atmosphäre des Vertrauens aufgebaut ist, können Kinder über die Krankheit von Vater oder Mutter sprechen.

Dies geschieht häufig noch verschlüsselt, auch um die Belastbarkeit und Offenheit des Gesprächspartners zu prüfen. Wir sind immer wieder bei unserer Arbeit überrascht, wie sensibel Kinder jede kleinste Veränderung im elterlichen Verhalten registrieren, sodass sie gleichsam als Seismograf der Krankheitsentwicklung gelten können. Für die meisten Kinder ist dieses Betreuungsangebot nach vielen Jahren des »Verschweigens« eine erste Möglichkeit, über ihr Erleben zu sprechen.

Spielerisches Tun oder auch gestalterisches Arbeiten zeigt sich als eine hilfreiche Möglichkeit, die inneren Bilder, Fantasien und Gefühle der Kinder nach außen zu tragen, das heißt zunächst noch ohne Worte. Die entstandenen Bilder und Objekte können zum Dialog zwischen Kind und Gesprächspartner führen. Diese Ausdrucksformen haben sowohl darstellenden und entlastenden als auch schon heilenden Charakter. Die Kinder finden danach auch Worte, um ihre Ängste und Sorgen um den kranken Elternteil, ihre Angst, selbst zu erkranken, ihre Hilflosigkeit, ihre Scham- und Schuldgefühle, aber auch ihren Ärger und ihre Wut auszudrücken. Sie finden oft wieder Zugang zu ihrer kindlich humorvollen Seite.

In diesen Stunden wird ebenfalls deutlich, wie sehr die Kinder durch die Krankheit von Vater oder Mutter belastet sind. Sie fühlen sich verantwortlich, stellen eigene Wünsche zurück und übernehmen sehr häufig sie weit überfordernde Aufgaben in der Familie. Sie verweigern oft aus Scham und Unsicherheit Kontakte zu Gleichaltrigen. Sie wollen Freunde nicht mit in die belastende häusliche Atmosphäre nehmen. Sie sind Spielpartner und Ratgeber für ihre Geschwister. Sie können Fragen der Freunde z.B. zu auffälligen Verhaltensweisen oder Reden des erkrankten Elternteils nicht beantworten, weil sie selbst keine Antwort haben und selbst durch solche Verhaltensweisen verwirrt und irritiert sind.

»Äußerlich ist ihr nichts anzusehen, wenn ich aber nachts im Treppenhaus des Hochhauses mit meinen Geschwistern schlafen muss, weil meine Mutter sich verfolgt fühlt, dann merke ich, dass etwas nicht stimmt, und ich schäme mich, am nächsten Morgen in die Schule zu gehen, weil die Klassenkameraden mir ansehen könnten, wo ich in der Nacht geschlafen habe.« (Tanja, 10 Jahre, Mutter an einer Psychose erkrankt)

Wir finden in diesen Gesprächen gemeinsam heraus, welche Rolle die Kinder in der Familie haben, und können dann auch über entlastende und kindgemäße Wünsche sprechen. Veränderungswünsche der Kinder stehen im Vordergrund, sie können in dem Maße realisiert werden, in dem auch die Stärken und Fähigkeiten der Kinder berücksichtigt und anerkannt werden. Wenn diese belastenden und überfordernden Aufgaben abgebaut werden, sollten kindgerechte Alternativen – Teilnahme an einer Kinder- und Jugendgruppe, Kontakte zu Gleichaltrigen usw. – angeboten werden.

Die Fähigkeiten und Kompetenzen der Kinder, die sich oft aus einer Not und Notwendigkeit heraus entwickeln, haben stützenden und sorgenden Charakter für die Familie. Dadurch bekommen die Kinder eine wichtige Position, die von vielen machtvoll besetzt wird. Wenn Eltern wieder mehr Eigenverantwortung übernehmen und entlastende Maßnahmen eingeleitet werden, kann der Verlust dieser Machtposition bei den Kindern ein Gefühl von Nutzlosigkeit und Resignation auslösen.

Geschwister werden gemeinsam eingeladen, um mit ihnen über eine neue Form der Aufgabenverteilung, gemeinsame Aktivitäten und über mögliche Rollenveränderungen zu sprechen. Hier ist immer die Unterstützung der Eltern, bzw. des erkrankten Elternteils notwendig.

Nach diesen Einzelkontakten mit den Kindern bieten wir eine kleine Gruppe an, in der Themen bezüglich der Erkrankung der Eltern und den damit verbundenen Problemen vertieft werden, aber auch offene Fragen gestellt werden können. Kinder können ihre Erfahrungen austauschen, über ihre Lösungsstrategien sprechen, vor allem aber spielen, entspannt sein und neu gewonnene Freiheiten erproben und genießen.

Begleitende Elternarbeit

Die Arbeit mit den Kindern bedeutet im Projekt immer auch intensive Beratung der Eltern. Wir versuchen bei getrennt oder geschiedenen Eltern auch den Elternteil einzubeziehen, bei dem das Kind nicht lebt. Die Eltern sprechen über eigene, sie belastende Themen: Eheprobleme, Arbeitslosigkeit, finanzielle Not, ihre Alltagsbelastungen und den häufig schwierigen Umgang mit ihren Kindern. Die unterstützende Rolle der Kinder in der Familie ist oft ein angstbesetztes Thema, insbesondere für den erkrankten Elternteil, da Kinder meistens eine stabilisierende Funktion haben.

MERKE Wir versuchen den Eltern zu helfen, ihre Elternrolle neu zu definieren, und ihnen zu zeigen, dass sie trotz ihrer Krankheit Fähigkeiten und Stärken haben.

Die Eltern erfahren, dass ihre Kinder Wünsche nach einem eigenen unbeschwerten Leben, nach Ablösung und Aktivitäten außerhalb der Familie haben. In dem Maße, in dem die Eltern ihre Ängste vor dem Verlust der stützenden Begleitung durch die Kinder verlieren, können sie wieder mehr Verantwortung für sich und die Familie übernehmen, Mut bekommen, sich neuen Erfahrungen zu stellen.

Wir begleiten und unterstützen die erkrankten Eltern, aber auch die oft hoffnungslos überforderten Partner, die mitunter aus Schuldgefühlen in der Partnerschaft bleiben, Verantwortung übernehmen, häufig resignieren und jedes Gefühl für die eigene Hilfsbedürftigkeit verlieren.

Das Familiengespräch

Nach der intensiven Arbeit mit den Kindern und Eltern laden wir die ganze Familie zu einem Familiengespräch ein, gemeinsam mit dem Facharzt. Getrennt lebende Elternteile sollten anwesend sein. Hier haben die Kinder die Möglichkeit, Fragen zur Erkrankung von Vater oder Mutter, zur Entstehung und Verlauf der Krankheit und zu den Behandlungsmöglichkeiten zu stellen. Sie können auch über ihre Ängste vor einer möglichen Vererbung sprechen. Dieses Thema ist insbesondere für Jugendliche von großer Bedeutung.

Beeindruckend ist immer wieder, wie differenziert Kinder erste Symptome z. B. einer Wiedererkrankung wahrnehmen und beschreiben. Die ärztlichen Informationen sind für die Kinder und den erkrankten Elternteil entlastend. Die Kinder erfahren, dass sie durch ihr Verhalten, auch ihre Unterstützung, die Krankheit weder auslösen noch heilen können. Das hilft ihnen beispielsweise, sich ohne Schuldgefühle besser abzugrenzen und freier zu werden für ihre Entwicklung. Sie können sich kompetenter im Umgang mit Gleichaltrigen verhalten, fühlen sich sicherer und finden auf Fragen nach dem auffälligen Verhalten und Reden des kranken Elternteils eine Antwort.

In weiteren Familiengesprächen geht es auch um Lösungs- und Bewältigungsstrategien in der Familie. Das kann z.B. die Aufnahme des kranken Elternteils in eine Tagesstätte sein, es kann sich auch um die Einrichtung des betreuten Wohnens, um Hilfen im Haushalt, um Unterstützung der Kinder bei Schulproblemen oder auch Begleitung durch eine sozialpädagogische Familienhilfe handeln.

Die Familiengespräche ebnen den Weg zu größerer Offenheit, zu gegenseitigem Verständnis, zum Abbau von Angst- und Schuldgefühlen sowohl bei den Eltern als auch bei den Kindern. Positive Lösungsansätze aus der Vergangenheit und Stärken der einzelnen Familienmitglieder werden in diesen Gesprächen deutlich. Sie spielen eine wichtige Rolle für die Erarbeitung von Zukunftsperspektiven. Die Anwesenheit des erkrankten Elternteils und dessen aktive Mitgestaltung fördern die Kommunikation in der Familie.

Vertraute Person

Die Erfahrung zeigt, dass eine sogenannte »vertraute«, von den Kindern benannte Person wesentlich zur Entlastung und Stabilisierung der Familie beitragen kann. Diese gewählte Person – sie kann Onkel, Tante, Großelternteil oder Nachbar sein – wird mit allen Familienmitgliedern zusammen eingeladen. Es wird überlegt und festgelegt, wann und in welcher Form diese Person unterstützende Hilfe für die Kinder leisten kann. Das ist z.B. möglich im Freizeitbereich, in Krisensituationen oder auch als Ansprechpartner.

Für Familien, die sehr isoliert ohne familiäres Umfeld leben, muss eine ehrenamtliche Kraft gefunden werden. Sie wird auf diese Arbeit vorbereitet und von Mitarbeitern des Projekts begleitet. Hierfür werben wir Ehrenamtliche mit Erfolg in den zuständigen Pfarreien.

▬ ▬ Die offene Sprechstunde

Um nach intensiver mehrmonatiger Betreuung der Kinder im Präventionsprojekt einen plötzlichen Kontaktabbruch zu vermeiden und um die Nachhaltigkeit der geleisteten Verarbeitungs- und Informationsprozesse zu gewährleisten, aber auch um den Kindern und Familien ein Sicherheitsnetz zu erhalten, bieten wir 1–2-mal monatlich die »offene Sprechstunde« an. Die Kinder werden zwar eingeladen, können aber auch ohne Voranmeldung zum Reden und Spielen, zum Austausch und Kennenlernen und zum Aufbau von Freundschaften kommen.

Diese Gruppenstunden finden in Einrichtungen der Jugendhilfe statt, in Spiel- und Sporträumen, die unbeschwerte Begegnungen mit anderen Kindern und die Eingliederung in bestehende Kinder- und Jugendgruppen (Sport, Pfadfinder usw.) ermöglichen. Jugendliche können sich zu einer betreuten Selbsthilfegruppe zusammenschließen. Auch diese Gruppenangebote werden von Mitarbeitern des Präventionsprojekts betreut. Geplant ist zeitgleich ein Gruppenangebot für die Eltern.

▬ ▬ Netzwerkarbeit

Der Aufbau von funktionierenden Netzwerken ist ein unverzichtbarer Teil unserer Arbeit. Die Kooperation zwischen der Erwachsenen-/Jugendpsychiatrie und der Jugendhilfe erleichtert die Arbeit auf der professionellen Ebene. Von besonderer

Bedeutung ist die Begleitung durch den Facharzt, der nicht nur Fachwissen vermittelt, sondern auch in Akutsituationen wichtige Entscheidungen trifft. Die zunehmende Sicherheit der Helfer im Umgang mit psychisch kranken Menschen bewirkt mehr Offenheit und Transparenz in der Arbeit. Dies kann zum Abbau von Ängsten und Unsicherheiten der betroffenen Eltern gegenüber den professionellen Helfern und den von ihnen geplanten oder eingeleiteten Hilfsangeboten führen. Hier zeigt sich für uns der Wert der intensiven Zusammenarbeit mit den psychiatrischen Kliniken.

Netzwerkarbeit bedeutet auch, für die Kinder Möglichkeiten zu schaffen, an öffentlichen Veranstaltungen wie Theater, Tanz, Musik, Ferienangebote, Freizeit etc. teilzunehmen. Durch unsere Kontakte zu den verschiedenen Institutionen gelingt es, den Familien eine kostenlose Teilnahme zu ermöglichen. Wir bemühen uns weiterhin, den Kindern gezielte und gewünschte Förderung, z.b. Musik- und Kunstunterricht oder die Teilnahme an Sportveranstaltungen, zu vermitteln und Sponsoren für die Finanzierung dieser Angebote zu finden. Dabei stehen in unserer Arbeit immer die Beziehung zwischen dem kranken Elternteil und den Kindern und die Kommunikation in der Familie im Mittelpunkt.

MERKE Psychisch kranke Eltern lieben ihre Kinder, wenn dies auch manchmal von der Erkrankung verdeckt wird. Und: Kinder lieben ihre Eltern, auch wenn diese manchmal »verrückt« sind und sich »komisch« benehmen.

Fallbeispiel

BEISPIEL Tom, 12 Jahre, besucht die 6. Klasse der Hauptschule, Mutter alleinerziehend, seit 12 Jahren magersüchtig, hat Depressionen, ist häufig suizidal. Tom hat seinen Vater nicht kennengelernt, da die Mutter sich bereits während der Schwangerschaft von ihm getrennt hat und auch kein Bemühen zeigte, einen Kontakt zwischen Vater und Kind aufzubauen. Frau A. lerne ich in der Tagesklinik kennen. Sie hat sich auf Empfehlung ihres behandelnden Arztes auf dieses Betreuungsangebot eingelassen. Sie ist eine stark untergewichtige Frau, die durch ihre eng anliegenden Kleider diesen Zustand zusätzlich betont. Frau A. spricht zunächst über die schwierige Beziehung zu ihrer Mutter. In der Beziehung zu Tom stehen Schuldgefühle im Vordergrund, die sie versucht, durch eine Rundumversorgung zu kompensieren. Sie kocht für ihren Sohn und bereitet ihm alle Mahlzeiten »mundgerecht« zu, um dann selbst das Essen zu verweigern. Ihre Äußerung: »Tom isst für mich mit.« Frau A. beschreibt Tom als netten, fürsorglichen Sohn, der allerdings zu wenige Außenkontakte habe. Nach Darstellung der Mutter scheint die Beziehung zu Tom eine besondere Form der Ausschließlichkeit zu haben.

Frau A. zeigt sich dem Projektangebot gegenüber zunächst wenig offen, eher ablehnend. Sie braucht Tom zur eigenen Lebenserhaltung. So beziehen sich ihre Wünsche und Erwartungen an uns auf die Vermittlung von überschau- und kontrollierbaren Außenkontakten für ihren Sohn.

Bevor ein Kontakt mit Tom möglich ist, führen wir über einige Wochen mehrere Gespräche in der Tagesklinik. Zum Erstkontakt kommt Tom mit der Mutter in die Praxis. Er ist äußerlich

sehr kräftig, adipös, hat ein weiches, freundliches Gesicht. Er wirkt entlastet, als wir über den Grund des Kontaktes mit mir sprechen und freut sich auf weitere Treffen. Tom berichtet, dass er ein guter Schüler und ein einstimmig gewählter Klassensprecher sei. Diese Funktion mache ihn stolz und er sehe sich gefordert, Vorbild zu sein. Seine Äußerungen über die Art und Weise, diese Position auszuüben, geben Hinweise auf Stärken und Durchsetzungsfähigkeiten des Jungen.
Beim Gespräch über seine Mutter und ihre Krankheit beginnt Tom zu weinen. Er habe ständig Angst, die Mutter könne sterben, und sei darum viel zu Hause. Tom spricht über seine Einsamkeit und seine Trauer. Lebendig in der Familie seien die Kaninchen, um die er sich gemeinsam mit der Mutter kümmere. Hierzu erzählt er lustige Geschichten. Tom hat Kontakt zur Großmutter und zu einer im Haus wohnenden Nachbarin, die häufig zu Besuch kommt.
Tom spricht bei weiteren Treffen über seine Nöte und Sorgen und seine Versuche, die Mutter zur Nahrungsaufnahme zu bewegen. Die Erfahrung, nichts verändern zu können und keinen Gesprächspartner zu haben, sei deprimierend. Er sei jetzt froh, mit jemandem reden zu können. In seinen Bildern und Objekten kann Tom auch seine Wut auf die Mutter ausdrücken, er fühle sich von ihr erdrückt und als Partner missbraucht. In seinem fürsorglichen, aber nichts verändernden Bemühen fühle er sich hilflos, die Mutter erlebe er als bestimmend und dominant. Tom drückt dies auf bewegende Weise sehr direkt in einer seiner Skulpturen aus. Dieses Erkennen macht ihm seine Rolle nochmals sehr deutlich und weckt Veränderungswünsche.
In der weiteren Betreuungszeit beschäftigt sich Tom mit dem Krankheitsbild der Mutter und mit dem Thema: »Wie viel Ver-

antwortung übernimmt die Mutter für ihr Handeln – sich und auch mir gegenüber.«

Bei einem Informationsgespräch mit der Mutter und einer Fachärztin erfährt Tom, dass er für die Krankheit nicht verantwortlich ist. Dieses Gespräch entlastet ihn sehr. Es folgen erste Versuche einer verweigerten Hilfe der Mutter gegenüber und auch erste aggressive Äußerungen. In dieser Phase will Tom mit mir spielen. Er genießt in fast kleinkindhafter Art diese »Spielstunden«, in denen es neben Spielfreude um Gewinnen und Verlieren geht. Seinem anfänglichen Bemühen, mich in chancenlosen Situationen zu unterstützen, folgt ein gewinnsicheres Durchsetzen.

In der Beziehung zur Mutter zeigen sich deutliche Tendenzen, sich nach draußen zu orientieren, und die Auseinandersetzung, seinen eigenen Raum zu gestalten, seine eigene Ordnung zu leben. Tom kann auch der Mutter gegenüber immer mehr seine Durchsetzungs- und Selbstbehauptungswünsche äußern. Er möchte sich aus der Versorgerrolle lösen, um eigene neue Aktivitäten zu suchen. Er schafft es allein, seinen lang ersehnten Wunsch, bei der Jungfeuerwehr aufgenommen zu werden, zu realisieren, er engagiert sich in einem Feuerwehrmuseum und arbeitet im Jugendhaus an einem Filmprojekt mit. Er hat Kontakte zu Gleichaltrigen. Tom ist nach Feststellung der Mutter »die meiste Zeit unterwegs«.

Was hat Tom noch geholfen, diese Schritte zu machen?

Die Mutter hat sich auf einen intensiveren Beratungsprozess eingelassen, trotz großer Ängste und nach wie vor psychischer Instabilität. Sie kann sich öffnen für die Veränderungs- und Ablösungswünsche ihres Sohnes und kann Tom heute mehr Raum geben, selbstverantwortlich zu handeln und Erfolge zu genießen. Dies führt allerdings auch häufiger zu Auseinandersetzungen zwischen Mutter und Sohn.

Frau A. nimmt regelmäßig ihre Medikamente, macht ihre eigene Therapie und sie kann sich auf die Unterstützung im Rahmen des betreuten Wohnens einlassen, die von professionellen Helfern übernommen wird. Für Tom wurde die Nachbarin als vertraute Person gewonnen, der Vater eines Freundes soll jetzt zusätzlich als männlicher Begleiter benannt werden.

Tom wird nach Beendigung der Arbeit in der Praxis in die offene Sprechstunde eingeladen. Er möchte mit dem Thema: »Ich habe eine psychisch kranke Mutter« offen umgehen.

Die Kooperation zwischen dem Arzt, dem Therapeuten und den Kolleginnen des betreuten Wohnens hat die Arbeit mit der Familie erleichtert. ■

Kinder stark machen
Die Arbeit der Beratungsstelle AURYN

Ines Andre-Lägel

Kinder, die mit einem seelisch erkrankten Elternteil aufwachsen, gehören zu einer Hochrisikogruppe. Für sie besteht eine viel höhere Wahrscheinlichkeit, eine psychische Erkrankung zu erleiden, als für Kinder, deren Eltern psychisch gesund sind. Dies wird auf verschiedene Einflüsse zurückgeführt. Dazu gehören neben einer Veranlagung auch familiäre Besonderheiten und soziale Bedingungen.

Aber nicht alle Kinder reagieren auf eine elterliche seelische Erkrankung mit eigenen Verhaltensauffälligkeiten. Während einige Kinder mit psychischen Symptomen auf die vermehrten

Belastungen reagieren, bleiben andere Kinder trotz der familiären Schwierigkeiten gesund. Dies ist ein wichtiger Hinweis darauf, dass es schützende Faktoren geben muss.

In der jüngsten Zeit waren diese Faktoren Gegenstand der »Resilienz-Forschung«, Untersuchungen zur Widerstandsfähigkeit von Kindern. Bisher konnten nach den Untersuchungen von Albert Lenz (vgl. auch seinen Beitrag in diesem Band) folgende Bedingungen als schützend (protektiv) festgestellt werden:

- höheres Selbstvertrauen und ein positives Selbstwertgefühl der Kinder,
- altersangemessene Aufklärung der Kinder über die Erkrankung der Eltern,
- eine emotional sichere Bindung an eine enge (gesunde und erwachsene) Bezugsperson,
- ein herzliches und zugewandtes Erziehungsklima,
- eine gute Paarbeziehung der Eltern,
- ein aktiver und verantwortungsbewusster Umgang der Eltern mit ihrer Erkrankung,
- ein stabiles soziales Netzwerk (Familie, Freunde, Bekannte).

Folgt man dem Gedanken, dass diese Faktoren Kinder vor einer eigenen Erkrankung schützen können, ist ein vorbeugendes (präventives) Angebot erforderlich, das all diese schützenden Faktoren fördern und entwickeln hilft. Es ist zu erwarten, dass ein solches Angebot den größtmöglichen Nutzen bringt, wenn eine Verknüpfung der verschiedenen hilfreichen Methoden aus einer Hand erfolgt. So kann der Unterstützungsbedarf für jede Familie und jedes Kind individuell festgelegt und organisiert werden und ist optimal auf jedes einzelne Familienmitglied abgestimmt.

Um ein solches umfassendes Hilfsangebot allen Familien zugänglich zu machen, muss es niedrigschwellig angelegt sein. Das bedeutet, dass es für die Familien sehr leicht sein sollte, dieses Angebot zu nutzen. Dazu gehören auch die Kostenfreiheit für die Kinder und Familien, eine leichte Kontaktaufnahme und die Unabhängigkeit von einzelnen Krankenkassen oder Überweisern.

Die Beratungsstelle AURYN

Ein solches Präventionsangebot ist die Leipziger Kinder-, Jugend- und Familienberatungsstelle AURYN. Träger dieser Beratungsstelle ist der Angehörigenverein WEGE e. V. Die Arbeit von AURYN ist auf die Bedürfnisse von Familien mit einem psychisch erkrankten Elternteil optimal ausgerichtet. Sie bietet einerseits ein einzigartig breites Spektrum an Vorsorgeleistungen zur Förderung der schützenden Faktoren. Andererseits ist sie aber auch darauf ausgerichtet, mit geeigneten Maßnahmen in akuten Krisen zu reagieren.

Die Beratungsstelle AURYN hat es sich zur Aufgabe gemacht, die schützenden Faktoren umfangreich und für alle Altersklassen zu fördern. Dafür wurden neben Einzelhilfen auch verschiedene Gruppenangebote eingerichtet, die jeweils auf die Bedürfnisse von Kindern ähnlichen Alters zugeschnitten sind. Im Folgenden sollen diese Angebote aufgeführt werden.

Gruppenangebote für Kinder und Jugendliche

Die jüngste Gruppe bilden die Säuglinge und Kleinkinder bis drei Jahre. Hier geht es vor allem darum, den Kindern zu ermöglichen, zu ihren Müttern eine sichere Bindung aufzubauen. Dies gestaltet sich bei vielen psychischen Krankheiten für die betroffenen Mütter schwieriger als für gesunde Mütter. AURYN

Leipzig hilft ihnen, die kindlichen Bedürfnisse zu erkennen und angemessen darauf zu reagieren.

Die Kinder- und Jugendgruppen werden in mehrere Altersstufen unterteilt: 4–5 Jahre, 6–8 Jahre, 9–11 Jahre, 12–16 Jahre und ab 16 Jahre. Das Alter gilt den Mitarbeitern dabei jedoch als Richtgröße, denn je nach familiärer Situation sind einige Kinder vom Reifegrad weiter entwickelt als andere.

Mit den Gruppen für Kinder und Jugendliche sollen vor allem die sozialen Fähigkeiten und die Problemlösestrategien sowie der günstige Umgang mit Stress gefördert werden. Hierfür bekommen die Kinder ein soziales Kompetenztraining, werden in Freizeitgruppen betreut und lernen verschiedene Entspannungstechniken kennen. Bei gemeinsamen Familien- und Ferienangeboten, wie z. B. kunsttherapeutischen Malkursen, können sie außerdem das Gelernte unter pädagogischer Anleitung direkt in die Praxis umsetzten. Zusätzlich werden dabei zugleich die sozialen Kontakte der Familien gefördert.

Das von den Kindern viel gefragte Angebot »Lernhilfe« ermöglicht es Kindern und Jugendlichen, eine Unterstützung in schulischen Angelegenheiten zu bekommen. Dazu gehören z. B. die Organisation von Hausaufgaben oder die Vermittlung von Lernstrategien.

Gruppenangebote für betroffene Eltern

Ebenso wie für die Kinder gibt es auch für die betroffenen Eltern verschiedene Gruppenangebote. Die wichtigsten sind das soziale Kompetenztraining, das auch Erziehungs- und Kommunikationstraining umfasst, und unterschiedliche Entspannungsangebote.

Auch die Eltern können verschiedene Freizeitangebote, wie z. B. therapeutisches Malen, nutzen und so ihr soziales Netz und ihre sozialen Fertigkeiten erweitern. Zusätzlich wird für die Eltern Psychoedukation angeboten. Darunter versteht man die Vermittlung von wichtigen Informationen zu psychischen Erkrankungen und von Strategien zur Bewältigung der Krankheit. Dadurch sollen das Leben mit der Erkrankung erleichtert und Rückfälle vermieden werden.

Einzelangebote

Kinder fühlen sich ihren Eltern sehr verpflichtet. Es fällt ihnen meist schwer, in einer Gruppe über Probleme und Schwierigkeiten der Eltern zu sprechen. Manchmal ist es ihnen auch peinlich, wenn zu Hause etwas nicht so gut klappt. In einer Gruppe behaupten sie dann eher, dass es keine Probleme gebe und die Eltern alles gut im Griff hätten. Daher wird mit jedem Kind und Jugendlichen auch einzeln gearbeitet. Mit der Gewissheit, dass alles Besprochene der Schweigepflicht unterliegt, nehmen die Kinder und Jugendlichen dieses Angebot, sich anzuvertrauen und Fragen zu stellen, sehr gerne an.

In diesem Rahmen werden die Kinder auch ihrem Alter und Entwicklungsstand entsprechend über die Krankheit der Eltern und die damit zusammenhängenden Symptome informiert. Zusätzlich wird mit ihnen ein Krisenplan aufgestellt. Dieser enthält alle wichtigen Ansprechpartner, Telefonnummern und Notizen für einen akuten Krankheitsfall der Eltern.

Natürlich werden auch mit den betroffenen Eltern Einzelgespräche geführt. Hier geht es vor allem um Fragen zu Krankheitsbewältigung und Erziehung.

Familienangebote

Innerhalb der Familien haben sich häufig die Eltern-Kind-Rollen verschoben. Aufgrund der elterlichen Erkrankung können nicht immer alle Aufgaben, wie z. B. die Sorge um die Kinder, die Familie, den Haushalt und die eigene Gesundheit, von den betroffenen Elternteilen übernommen werden. Folglich beginnen die Kinder oft schon in jungen Jahren, wichtige Aufgaben zu übernehmen. Sie fühlen sich verantwortlich für das Wohlergehen der Familienmitglieder, insbesondere der Eltern oder der jüngeren Geschwister, und versorgen zusätzlich den Haushalt. Man nennt das »Parentifizierung« – die Übernahme der Elternrolle durch die Kinder. Bei der Arbeit mit der gesamten Familie wird angestrebt, dass die eigentlichen Rollen wieder eingenommen werden – ein wichtiger Aspekt für eine gesunde Entwicklung.

In den Freizeitgruppen wird ein förderliches Umgehen der einzelnen Familienmitglieder miteinander geübt. Durch die therapeutisch-pädagogische Begleitung dieser Aktivitäten können ungünstige Verhaltensmuster erkannt und durch gesundes Verhalten ersetzt werden.

Erfahrungen bei der Umsetzung

Dieses umfassende Präventions- und Kriseninterventionsangebot deckt alle Bereiche der bekannten schützenden Faktoren ab. So kann jede Familie genau die Hilfe bekommen, die für sie sinnvoll ist.

Das Angebot der Beratungsstelle AURYN wird von den Familien, in denen mindestens ein Elternteil psychisch erkrankt ist, sehr gut genutzt. Die Klientenzahl wächst stetig und die Nachfrage nach den einzelnen Hilfsmaßnahmen ist hoch. Es zeigte sich, dass Kinder und Jugendliche vermehrt aus eigenem Antrieb Einzel- und Gruppenangebote wahrnehmen und selbstständig Beratungstermine nachfragen und vereinbaren. Durch die weitgreifende Unterstützung gelingt es den Familien, die Schwierigkeiten besser zu bewältigen. Die meisten Familien halten den Kontakt zu AURYN Leipzig aufrecht, auch wenn die Familiensituation sich entspannt hat und kein aktueller Hilfsbedarf mehr besteht. Vor allem bei eventuellen späteren Krisenzeiten ist dies sehr hilfreich, weil dann eine frühzeitige Unterstützung möglich ist.

Finanzierung

Die Finanzierung ist für derartige Präventionsprojekte häufig ein großes Problem. Dank der Spendenaufrufe des Angehörigenvereins WEGE e. V., einer Starthilfeförderung der Aktion Mensch und der Finanzierung einer Personalstelle durch das Jugendamt der Stadt Leipzig war es möglich, das Projekt seit 2002 aufzubauen. Ab 2009 hat das Jugendamt Leipzig unter Vorbehalt eine Finanzierung über Hilfen zur Erziehung zugesagt. Voraussetzung dafür ist der weiterhin bestehende Bedarf. AURYN Leipzig ist seit 2006 als Angebot eines Freien Trägers der Jugendhilfe anerkannt. Leider ist Leipzig bisher die einzige Stadt, die diese Finanzierungsmöglichkeit bietet.

Es bleibt zu hoffen, dass auch andere Städte die Notwendigkeit einer finanziellen Unterstützung ähnlicher Projekte erkennen und umsetzen.

Vernetzung

Wichtig für das Gelingen eines solchen Projekts ist eine gute Zusammenarbeit mit den örtlichen psychiatrischen Kliniken, niedergelassenen Therapeuten und Einrichtungen der Jugendhilfe. So besuchen Mitarbeiter der Beratungsstelle AURYN regelmäßig die Leipziger Kliniken und führen dort schon während des stationären Aufenthalts der Eltern erste Klientengespräche. Regelmäßige Fachvorträge für das Klinikpersonal gewährleisten außerdem eine Sensibilisierung für die Bedürfnisse der Kinder.

Ebenso hat eine enge Zusammenarbeit mit anderen Jugendhilfeeinrichtungen und dem Allgemeinen Sozialdienst des Jugendamts dazu geführt, dass AURYN Leipzig zu Hilfeplangesprächen in betroffenen Familien hinzugezogen wird. So kann in jedem Einzelfall der Hilfebedarf bestmöglich koordiniert werden. Auch können so sehr kurzfristig und schnell zusätzliche Unterstützungsmaßnahmen, wie das Einschalten eines Familienhelfers, möglich gemacht werden.

Seit 2007 bietet die Beratungsstelle AURYN auch Informationsveranstaltungen für Beratungslehrer der Leipziger Schulen an. Sie sind häufig die ersten, denen sich eine kindliche Überlastung offenbart. Werden sie für dieses Thema sensibilisiert, können auch aus schulischer Sicht geeignete Maßnahmen zur Hilfe eingeleitet werden.

Der ganzheitliche Ansatz zum Schutz Kinder psychisch erkrankter Eltern ist in diesem Umfang bundesweit einzigartig. Daher wurde die Beratungsstelle AURYN 2007 für ihre Arbeit mit dem 1. Platz des Sächsischen Gesundheitspreises der AOK ausgezeichnet.

Paten für die Zukunft
Patenschaften für Kinder psychisch kranker Eltern
Ortrud Beckmann und Alexandra Szylowicki

Das Konzept der Patenschaften wurde schon 1996 im Rahmen der Arbeit des Hamburger PFIFF e. V. (Pflegekinder und ihre Familien Förderverein) entwickelt. Nicht zuletzt die zunehmende öffentliche Diskussion um »die vergessenen Kinder« machte schließlich ab März 2000 die Umsetzung des Konzepts im Rahmen einer Modellförderung und ab 2004 seine Überführung in die Regelfinanzierung möglich. Es wurde deutlich, dass für Kinder psychisch kranker Eltern ein Angebot zwischen Tages- und Bereitschaftspflege fehlte. Inzwischen hat das Konzept in ähnlicher oder abgewandelter Form in der ganzen Bundesrepublik Nachahmer gefunden (Bremen, Cuxhaven, Berlin etc.).

Patenschaften bei PFIFF e. V. sollen die betroffenen Familien in ihrem Zusammenhalt unterstützen. Das Engagement der Patenfamilien mit seinem hoch professionellen Anforderungsprofil verbindet Prävention mit einer flexibel einsetzbaren Krisenintervention. Sowohl das Bedürfnis der erkrankten Eltern nach Entlastung als auch das Bedürfnis der Kinder nach größtmöglicher »Normalität« und Kontinuität werden berücksichtigt.

Die beiden zentralen Anliegen von Patenschaften sind:
- Erhalt und Förderung der Familie,
- Schutz der Kinder vor Entwicklungsstörungen und eigener Erkrankung.

Der familiäre Zusammenhalt wird durch die Erkrankung eines Elternteils belastet und nicht selten zusätzlich durch die Trennung der Eltern schwer erschüttert. Betroffene Familien mit nur einem alleinerziehenden Elternteil – in der überwiegenden

Mehrzahl sind es die Mütter – brauchen besonders dringend eine Entlastung, die über das Tagespflegeangebot hinausgeht.

▬ ▬ Die Eltern

Die Eltern werden unterstützt, indem sie verlässliche Entlastung im Alltag erfahren. Die Kinder werden regelmäßig und zu vorher gemeinsam verabredeten Zeiten von ihren Paten in deren häuslicher Umgebung betreut. Die Betreuung kann Nachmittage, aber auch ganze Wochenenden mit Übernachtungen umfassen. Schon die Gewissheit, regelmäßig von der Kinderbetreuung entlastet zu werden, beeinflusst den Verlauf der elterlichen Erkrankung positiv und reduziert nachweislich die Anzahl stationärer Behandlungen.

BEISPIEL »Früher bin ich oft in die Klinik gegangen, weil ich Ruhe brauchte. Die Betreuung meiner beiden Kinder, besonders meines hyperaktiven Sohnes, war mir zu viel und ich konnte nicht für mich sorgen, bis es schließlich zu spät war. Dann musste das Jugendamt für meine Kinder sorgen. Ich habe die Verantwortung abgegeben. Heute kann ich mich zu Hause erholen. Die Kinder werden von Menschen betreut, denen ich vertraue und die meine Kinder mögen. Das tut uns dreien gut und ich habe nicht mehr das Gefühl, verantwortungslos zu handeln.« (Bericht einer alleinerziehenden Mutter mit einer bipolaren Störung in der Zusammenarbeit mit PFIFF e. V.) ■

In Krisenzeiten werden die Kinder im Rahmen einer Kurzzeitpflege bei ihren Patenfamilien auch über längere Zeit betreut. Erst, wenn die Betreuung der Kinder geregelt ist, können sich Eltern ohne Sorgen, mit weniger Schuldgefühlen und zum richtigen Zeitpunkt der notwenigen Behandlung unterziehen und sich auf eine stationäre Betreuung einlassen, ohne diese frühzeitig aus Sorge um die Kinder abzubrechen.

▬ ▬ Die Kinder

Die Kinder erfahren durch ihre Patenfamilien ein ergänzendes, verlässliches und dauerhaftes Beziehungsangebot. Neben der elterlichen Fähigkeit zur Krankheitsbewältigung ist die Beziehung zu nicht erkrankten Personen ein weiterer wichtiger Schutzfaktor für die kindliche Entwicklung. Wenn die Beziehungen, auf die sich Eltern und Kinder stützen können, von guter Qualität sind, verringern sie die kindliche Belastung erheblich. Einerseits wird Bindung ermöglicht, andererseits muss genug Raum für Eigenständigkeit bleiben. Patenfamilien übernehmen stützende Funktion im emotionalen, kognitiven und praktischen Sinn. Es ist die zentrale Aufgabe der Patenschaften, eine solche Beziehungsqualität zu entwickeln.

Ein großer Teil der betroffenen Familien besteht ausschließlich aus einer Mutter mit einem Kind, die zudem noch in sozialer Isolation leben. In einer solchen Beziehungskonstellation übernehmen die Kinder oft die Rolle eines Partnerersatzes. Diese engen Beziehungen haben nicht selten einen symbiotischen Charakter. Es ist daher besonders wichtig, mithilfe der Patenschaften die für eine gesunde Erziehung notwendige Beziehungskonstellation (wieder)-herzustellen. Denn nur wenn man in einem erweiterten Beziehungssystem (von mehreren Personen) bestimmte Verhaltensmuster trainiert, z. B. relationales, kognitives und affektives Verhalten, entwickelt man eine Grundlage für das Leben in größeren sozialen Einheiten wie Schule und Freundesgruppen.

Für das Kind verbindet die Patenschaft ein alltags-, lebenswelt- und bedarfsorientiertes Beziehungsangebot mit der Sicherheit, in Krisenzeiten ohne Loyalitätskonflikt Schutz und Geborgenheit zu finden. Die elterlichen Krisen müssen für die Kinder nicht notwendigerweise zu einer verunsichernden oder gar traumatischen Erfahrung werden. Sie können bei hinreichender Begleitung und erfolgreicher Bewältigung sogar fördernd in die kindliche Entwicklung integriert werden.

> **TIPP** **Patenschaften bieten in Krisenzeiten Schutz und Geborgenheit ohne Loyalitätskonflikte.**

Die Patenfamilien

Die Anforderungen an die Fähigkeiten der Paten, Beziehungen aufzubauen, ohne zu vereinnahmen, sich ggf. abzugrenzen, ohne abzuweisen, die Kinder zu fördern, ohne Konkurrenz zu den Müttern aufzubauen, Kritik zu üben, ohne zu entwerten, sind hoch professionell.

Die Haltung, mit der sich die Patenfamilien den Patenkindern und ihren Eltern zuwenden sollten, lässt sich mit folgenden Begriffen kennzeichnen:

Wertschätzung ▸ Die Paten bewerten die psychisch kranken Elternteile und deren Umgang mit ihren Kindern nicht moralisch und stellen sich nicht in Konkurrenz.

Erweiterung der kindlichen Beziehungen ▸ Paten stellen eine Erweiterung und keinen Ersatz der leiblichen Familie dar.

Normalität ▸ Die Bedeutung der Patenfamilie liegt in erster Linie in der lebensweltorientierten und alltagspraktischen Zugänglichkeit für das Patenkind.

Niedrigschwelligkeit ▶ Die eingesetzte Patenfamilie ist ohne Antragstellung oder sonstige Formalität verfügbar.

Unterstützung ▶ Patenschaften dienen dem Erhalt der Eltern-Kind-Beziehung. Die Patenfamilie übernimmt aber keine pädagogische oder therapeutische Verantwortung für die Erziehungsfähigkeit der Eltern.

Die Beziehung zu den Paten orientiert sich an einem gut funktionierenden nachbarschaftlichen oder verwandtschaftlichen Verhältnis. Dafür sind Freiwilligkeit und wechselseitige Akzeptanz von grundlegender Bedeutung. Eine qualifizierte professionelle Vorauswahl sowie eine intensive persönliche Anbahnung sind wichtige Komponenten für das Gelingen der Patenschaft. In einem Seminar der hauseigenen Pflegeelternschule werden die Bewerber an fünf Abenden und in drei weiteren, frei wählbaren Veranstaltungen vorbereitet. Im Anschluss wird das Angebot der Patenbewerber in mehreren Beratungsgesprächen und einem Hausbesuch geprüft.

Nach Abschluss einer Vereinbarung wird die Patenschaft durch fachliche Praxisberatung, durch eine monatliche Patengruppe zum Erfahrungsaustausch und durch das Angebot von Supervision im Bedarfsfall begleitet. Die sorgfältige Begleitung der Patenfamilien ist schon allein deshalb erforderlich, weil auch in den Patenfamilien Kinder leben, die vor Fehlentwicklungen der Patenschaft und schwer erklärbaren Beziehungsabbrüchen geschützt werden müssen. Sollte die Patenschaft trotz aller Bemühungen fehlschlagen, wird die Erfahrung mit der ganzen Familie bearbeitet.

Zugangswege der anfragenden Eltern

Da die Patenschaften bisher im Wesentlichen durch Zuwendungen der Fachbehörde finanziert wurden, mussten die anfragenden Eltern keinen Antrag bei den allgemeinen sozialen Diensten der Jugendämter stellen. Diese Niedrigschwelligkeit sollte unbedingt erhalten bleiben. Es hat sich gezeigt, dass mit diesem Hilfeangebot viele Familien erreicht werden konnten, die sich bis dahin noch an keine Hilfeeinrichtung gewendet hatten.

Gleichwohl kommen die meisten Anfragen vom Jugendamt und von freien Trägern der Jugendhilfe, gefolgt von einer ebenfalls großen Zahl direkter Anfragen von betroffenen Eltern. Mit größerem Abstand folgen Anfragen aus Beratungsstellen oder Psychiatrien oder deren Ambulanzen.

Erst Anfang 2008 ist es dem Träger gelungen, mit dem Jugendamt eines der sieben Hamburger Bezirke eine Vereinbarung zu fallbezogenen Einzelverträgen zu treffen. Damit ist ein erster Schritt in Richtung einer anfrageorientierten Bedarfsdeckung getan. Die Zuwendung der Fachbehörde hat eine viel zu geringe Zahl von Kontrakten ermöglicht. Bisher konnten im Schnitt jährlich nur etwa 10 % der Anfragen bedient werden. Aus diesem Grund wurde die Anwerbung und Vorbereitung von Patenfamilien eher zurückhaltend betrieben.

Das Arbeitsbündnis

Freiwillig und auf der Basis wechselseitiger Sympathie entscheiden sich die Eltern dafür, ihren Kindern eine geeignete Patenfamilie zur Seite zu stellen. In einer schriftlichen Vereinbarung, einem Kontrakt, werden Ausgangslage, Aufgabenverteilung und

Ziele sowie zeitlicher Umfang und Dauer der Betreuung durch die Patenfamilie in »normalen« Zeiten individuell vereinbart und verbindlich festgelegt. In Krisenzeiten werden die Kinder im Rahmen einer Kurzzeitpflege in ihren Patenfamilien betreut. Die Kurzzeitpflege gehört in den bekannten Angebotskanon und wird vom Jugendamt verfügt und bezahlt.

Die Paten haben nicht nur die Aufgabe, die Kinder zu betreuen, sondern sie stellen den Eltern auch ihre Lebenserfahrung zur Verfügung. Sie sind Ansprechpartner bei Problemen der alltäglichen Versorgung des Kindes; oft wirkt schon die Erreichbarkeit durch ein Telefongespräch deeskalierend. Dabei ist die Intensität des Kontaktes zwischen Eltern und Paten abhängig vom Bedürfnis der Eltern, der Verständigungsmöglichkeit auf beiden Seiten und dem Alter der Kinder. In jedem Fall müssen gegenseitige Akzeptanz, Vertrauen und ein gutes Einvernehmen unter den Erwachsenen entwickelt werden. Nur auf der Basis eines respektvollen Umgangs können die Kinder den Aufenthalt in ihren Patenfamilien unbeschwert und ohne Loyalitätskonflikte genießen.

Gleichwohl ist es unerlässlich, dass sich die Eltern an eine betreuende, sozial- oder psychotherapeutische bzw. sozialpädagogische Einrichtung zur Bearbeitung ihrer Probleme wenden. Mitarbeiter aus diesen Bereichen tragen den Patenschaftskontrakt in Kooperation mit. Diese Konstellation schützt die Paten vor Überforderung durch eine therapeutische oder pädagogische Rolle.

Auch die Eltern erhalten durch ihre Begleitung wertvolle Unterstützung beim Beziehungsaufbau zu den Paten. Mit Beistand und Beratung können sie diesen oft extrem angstbesetzten Weg gehen. Das ermöglicht es ihnen, sich jederzeit rückzuversichern und ihre Befürchtungen auf ihren Realitätsgehalt zu überprüfen.

Zusätzlich verknüpft der Träger seit Anfang 2007 den Abschluss eines Patenschaftskontrakts mit der verbindlichen Teilnahme an einer Elterngruppe mit dem Thema psychische Erkrankung und Elternrolle. In der Elterngruppe werden Erfahrungen mit den Patenschaften, Ängste, Konflikte und Sorgen ausgetauscht. Aber auch Berichte über Bewältigungsstrategien, Empathie und ein humorvoller Umgang sorgen für Entlastung. Der Aufbau einer Patenschaft ist für beide Seiten, Eltern und Patenfamilien, ein Wagnis. In einem hochsensiblen Prozess muss ein offener Kommunikationsstil geübt werden, es muss Vertrauen wachsen können, um schließlich eine Art »Ältestenrat« oder »Familienkonferenz« zum Wohle der Kinder zu bilden. Erst wenn dieses Ziel über viele Hürden hinweg (wechselseitige Ressentiments, Verleugnung von Problemen, Konkurrenzgefühle etc.) erreicht worden ist, kann von einem Erfolg gesprochen werden. Erst dann tritt bei den Kindern die notwendige Entlastung ein.

Das Kontraktgremium besteht aus mindestens vier Partnern – der Mutter, der Patin, der Begleitung der Mutter und der Beraterin von PFIFF e. V. Es trifft sich mindestens alle drei Monate, bei Irritationen und Problemen werden kurzfristig Interventionsgespräche einberufen. Besonders zu Beginn einer Patenschaft sollte kein Anlass zu einem Krisengespräch übersehen werden, um die Patenschaft vor Fehlentwicklung oder Abbruch zu bewahren.

Das sorgfältige Vorgehen zu Beginn hat sich bewährt. Auch nach Beendigung der Kontrakte bleibt die Beziehung zwischen den Patenfamilien und den Patenkindern in vielen Fällen bestehen. Die Rückkehr in die Normalität jenseits der Jugendhilfe wird in den meisten Fällen von den Eltern begrüßt. In einigen Fällen bedarf es aber einer langjährigen Begleitung.

Hoffnungen und Wünsche für die Zukunft

Neben Patenschaften, Paten- und Elterngruppe plant der Träger, zusammen mit SeelenNot e. V. auch eine präventive Kindergruppe (Auryn-Gruppe) anzubieten (vgl. den Beitrag von Christiane Deneke in diesem Band). Über zehn Jahre hat SeelenNot e. V. diese Gruppen nur allein durch Spenden finanziert angeboten. Die Bearbeitung der Anfragen für Patenschaften sowie für die Auryn-Gruppen hat sich als sehr aufwendig erwiesen. Es liegt nahe, beides zu verbinden, um die Niedrigschwelligkeit zu nutzen und eine gemeinsame Anlauf- und Beratungsstelle einzurichten.

Ein Netzwerk aufbauen
Die Erfahrungen in Hamburg

Christiane Deneke

Um Familien mit psychisch kranken Eltern angemessen unterstützen zu können, müssen die beteiligten Fachleute voneinander wissen und gut zusammenarbeiten. In diesem Beitrag möchte ich berichten, wie sich in Hamburg ein Netzwerk von Fachleuten aus verschiedenen Berufsgruppen entwickelt hat, die mit Familien mit psychisch kranken Eltern arbeiten. Dieser Prozess ist mit der Tätigkeit des Vereins »SeelenNot« eng verbunden, deshalb wird beides im Zusammenhang dargestellt.

Ausgangspunkt war die Hamburger Universitätsklinik für Kinder- und Jugendpsychiatrie und Psychotherapie, die unter anderem das Thema »Kinder psychisch kranker Eltern« als einen Schwerpunkt ihrer Arbeit betrachtet. In den Jahren 1991 und 1992 begann die Klinik, zu einzelnen Seminaren und Vorträgen zu diesem Thema einzuladen. Die Adressaten waren einerseits im Gesundheitswesen Tätige: Mitarbeiter der psychiatrischen und kinderpsychiatrischen Kliniken, der Übergangseinrichtungen, der Sozialpsychiatrischen und Jugendpsychiatrischen Dienste, niedergelassene Psychiater und Psychotherapeuten für Erwachsene wie auch für Kinder und Jugendliche. Zum anderen wandten wir uns an Fachleute aus der Jugendhilfe: aus den Allgemeinen Sozialen Diensten, Jugendämtern, Erziehungsberatungsstellen, aus Wohneinrichtungen. Es kamen auch Mitarbeiter von Freien Trägern, die psychisch kranke Erwachsene betreuen und Sozialpädagogische Familienhilfe anbieten.

Aus den Besuchern der Seminare und Vorträge bildete sich ein engerer Kreis von Personen, die an einer kontinuierlichen Zusammenarbeit interessiert waren. Im Jahr 1993 begann die Arbeitsgruppe »Psychisch kranke Eltern und ihre Kinder« ihre monatlichen Treffen, die sie bis heute beibehalten hat. Anfangs musste immer wieder neu zu den Sitzungen eingeladen werden, um sie nicht in Vergessenheit geraten zu lassen, und es mussten thematische Vorschläge gemacht werden. Die Teilnehmer interessierten sich vor allem für gegenseitige Fortbildung, z. B. über Forschungsergebnisse und Veröffentlichungen zum Thema Kinder psychisch kranker Eltern, über ihre verschiedenen Tätigkeitsfelder, Abgrenzungen und Überschneidungen. Bei der regelmäßigen Vorstellung und Diskussion problematischer Fälle wurde die Unterschiedlichkeit der Sichtweisen verschiedener

Berufsgruppen als besonders fruchtbringend erlebt. Wir besprachen aber auch Projekte verschiedener Träger und erarbeiteten politische Stellungnahmen.

Ziele des Vereins »SeelenNot«

Über all dem bekamen wir Lust, selbst etwas aufzubauen, und gründeten 1996 einen Verein mit dem Namen »SeelenNot«, um Spenden für zukünftige Projekte einwerben zu können. Ziele des Vereins sollten sein:

- Projekte für Kinder psychisch kranker Eltern aufzubauen und zu erproben und die damit gemachten Erfahrungen mit dem Ziel einer Überführung der Arbeit in die Regelversorgung weiterzugeben;
- Die Öffentlichkeit über die Problematik der betroffenen Familien aufzuklären, um die Tabuisierung des Themas abzubauen;
- Fachleute verschiedener Berufsgruppen zum Thema »Kinder psychisch kranker Eltern« fortzubilden.

Aufbau von Auryn-Gruppen

Unser erstes Projekt waren Präventionsgruppen für Kinder psychisch kranker Eltern, wie sie Martin Leidner in Freiburg nach niederländischem und skandinavischem Vorbild erstmals in Deutschland aufgebaut und ihnen den schönen Namen »Auryn« (nach dem Amulett in der »Unendlichen Geschichte«) gegeben hatte. Nach gründlicher Vorbereitung (einem Seminar mit Herrn Leidner, der hamburgweiten Ankündigung des Projekts, Vorgesprächen mit den Eltern und Kindern und Zusammenstellung altersmäßig passender Gruppen) konnte die erste Auryn-Gruppe 1999 beginnen. Gegenwärtig (2008) findet die achte Gruppe statt.

▬ ▬ Einrichtung einer Beratungsstelle

In der Arbeit mit den Kindern und ihren Familien sahen wir, wie groß der Bedarf nach Gespräch und Austausch bei den Kindern ist, wie hoch aber trotzdem die Schwelle für den Besuch solch einer Gruppe für sie zu sein scheint. Wir verstanden die offensichtlich vorhandenen Ängste folgendermaßen: Die Kinder fürchten, durch das Gespräch mit Außenstehenden in einen Zwiespalt den Eltern gegenüber zu geraten; die Eltern fürchten, vor allem ihre jüngeren Kinder so weit loszulassen, dass sie eventuelle Probleme in der Familie nach außen tragen könnten, wo sie vielleicht falsch verstanden und beantwortet würden. Auch machten wir die Erfahrung, dass die betroffenen Eltern oft nicht wissen, wie sie mit ihren Kindern über ihre Erkrankung sprechen können, deren Auswirkungen die Kinder doch am deutlichsten spüren. Wir verstanden, dass sie sich Gesprächs- und Beratungsmöglichkeiten über ihre Kommunikations- und Erziehungsprobleme sehr wünschen, sich aber oft nicht zutrauen, die vorhandenen Einrichtungen dafür zu nutzen. In Kontakt zu »offiziellen« Stellen und zu Behörden zu treten, kostet sie meist große Überwindung. Dahinter stehen Ängste: Man werde die Eltern für inkompetent erklären, sie bevormunden, die Kinder aus der Familie nehmen oder auch »zum psychiatrischen Fall machen«, wie sich eine Mutter ausdrückte.

Aus all diesen Gründen beschloss der Verein, eine kleine, »inoffizielle« Anlaufstelle für die Familien zu schaffen. Im Jahr

2000 nahm eine Psychologin ihre Arbeit in der Beratungsstelle »SeelenNot« auf, vorerst nur für einen Tag in der Woche, ab 2005 konnte dies auf zwei Tage erhöht werden. In dem freundlichen, angemieteten Gruppenraum einer Naturheilpraxis fanden sich rasch viele Familien mit Kindern verschiedenen Alters und Jugendliche ein, aber auch Fachleute suchten um Rat für Ihre schwierigen Fälle nach. Eine Gesprächsgruppe für betroffene Mütter wurde eingerichtet. Das Angebot hätte vervielfacht werden können, um die große Nachfrage zu befriedigen.

Durch diese beiden konkreten Projekte wurde der Verein rasch bekannt. Vor allem Mitarbeiter der Jugendhilfe schickten viele Kinder und ihre Familien sowohl zur Teilnahme an Auryn-Gruppen als auch zur Beratung. Trotz der nachweislich hohen Nachfrage stießen wir mit unseren wiederholten Anträgen auf finanzielle Hilfe bzw. auf Anerkennung des Vereins als Freier Träger beim Amt für Jugend (der übergeordneten Fachbehörde für Hamburg) immer wieder auf Ablehnung. Oft schien der Fortgang der Projekte gefährdet, aber mithilfe unserer Spender ist es immer wieder gelungen, sowohl die Auryn-Gruppen als auch die Beratungsstelle von Jahr zu Jahr weiter zu finanzieren.

In dem Maß, in dem die Projekte bekannt wurden, wuchs auch die Arbeitsgruppe. Viele Teilnehmer kamen mit dem Wunsch, ihre schwierigen Fälle zu besprechen. Es zeigte sich auch ein großer Bedarf nach Fortbildung. Folgende Fragen wurden immer wieder gestellt:
- Wie äußern sich psychische Krankheiten?
- Wie wirken sie sich auf die Kinder aus?
- Wie reagieren Babys und Kleinkinder?
- Wie sehen Alarmsignale der größeren und der kleinen Kinder aus?

- Wie spreche ich mit Eltern und Kindern?
- Welche Stellen gibt es, an die ich die Familien weitervermitteln kann?

Wegen des großen Interesses veranstalteten wir in den Jahren 1998 und 2002 Fachtagungen, zu denen wir innerhalb Hamburgs einluden. Thema der ersten Tagung war die Problematik von Kindern psychisch erkrankter Eltern allgemein, auf der zweiten wurden verschiedene Hamburger Projekte vorgestellt. Die Tagungen waren gefragt: Es kamen jeweils über 200 Personen aus verschiedensten Arbeitsbereichen, ganz überwiegend aus der Jugendhilfe.

Außerdem wurden vor allem aus dem Bereich der Jugendhilfe immer wieder Fortbildungen zum Thema psychische Krankheiten und Umgang mit den kranken Eltern gewünscht, die sich in wachsender Zahl bei den beteiligten Diensten einfanden. So wurde auch die Qualifizierung von Fachleuten zunehmend Schwerpunkt der Arbeit des Vereins.

Neu entwickelte Projekte in Hamburg

In den Jahren seit der Gründung des Vereins haben sich in Hamburg einige Projekte entwickelt, die teilweise in Zusammenarbeit mit dem Verein, teils ganz unabhängig konzipiert wurden. Zum Beispiel:
- das Patenfamilienprojekt des Trägers PFIFF e. V., das im Jahr 2000 als Modellprojekt begann. Inzwischen werden 12 Patenschaften jährlich durch die Fachbehörde finanziert, eine Erweiterung ist notwendig. Ähnliche Projekte gibt es inzwischen an verschiedenen anderen Orten;
- Präventionsgruppen für Kinder, teilweise aus Mitteln der

Jugendhilfe finanziert, entstanden auch an einigen anderen
Stellen in und um Hamburg;
- betreute Wohnprojekte für betroffene Familien;
- die Umstellung mehrerer Träger von der Betreuung psychisch kranker Erwachsener auf die Betreuung ganzer Familien;
- einige Mutter-Kind-Heime nehmen – teilweise in besonders betreuten Bereichen – psychisch kranke Mütter mit ihren Babys bzw. auch schon schwangere Frauen auf;
- in einer erwachsenenpsychiatrischen Klinik ist Rooming-in auf einigen Behandlungsplätzen möglich, eine geburtshilfliche Abteilung bietet stationäre Krisenintervention bei postpartalen psychischen Problemen für Mütter und Säuglinge an;
- in der Klinik für Kinder- und Jugendpsychiatrie wurde 1998 mit der Tagesklinik für Kinder und Jugendliche auch die Eltern-Baby-Tagesklinik mit vier Behandlungsplätzen für psychisch kranke Eltern mit Babys eröffnet;
- die Ambulanz der Klinik für kleine und größere Kinder mit psychisch belasteten Eltern ist stetig gewachsen. Für die Patienten der Erwachsenenpsychiatrie im Universitätsklinikum, die Kinder haben, wird Eltern- und Familienberatung angeboten. Ein umfangreiches Forschungsprojekt begleitet diese Arbeit.

Was hat sich verbessert?

Diese Projekte kooperieren zum Teil eng, man kennt sich, trifft sich in unterschiedlichen Zusammenhängen, fragt sich gegenseitig um Rat. Die Informations- und Kommunikationswege sind kürzer und unkomplizierter geworden. Das Verständnis für die

Problematik in den Familien hat zugenommen. Einige Beispiele mögen dies verdeutlichen:
- Wenn es vor 15 Jahren langwierige und immer wieder neue Erklärungen brauchte, um beispielsweise den Antrag einer depressiven Mutter auf eine sozialpädagogische Familienhilfe zu erklären und zu unterstützen, so wird heute der Bedarf betroffener Familien an pädagogischer Unterstützung nicht angezweifelt. Auch die präventive Funktion solcher Hilfen wird anerkannt.
- Ein automatisches Verneinen elterlicher Kompetenz bei vorliegender psychischer Erkrankung erfolgt nicht (mehr). Bei familiengerichtlichen Fragen wird von den Beteiligten differenzierter auf die jeweils besondere Lage in der Familie eingegangen und vor allem auch die Beziehungsqualität berücksichtigt.
- Auch wenn die Problematik der Kinder ihrer Patienten gelegentlich für die Kollegen in der Erwachsenenpsychiatrie noch immer Neuland zu sein scheint, so ist doch die Frage nach den Kindern heute bei den meisten ein fester Teil der Arbeit geworden (zumindest aber des Sozialdienstes), und bei Bedarf wird Unterstützung für die Eltern und die Kinder gesucht.
- Der Sinn gemeinsamer stationärer Behandlung von Müttern mit ihren Babys bei postpartalen seelischen Krisen wird nicht mehr infrage gestellt, auch wenn es immer noch an Behandlungsplätzen mangelt;

Die Arbeit des Vereins wurde auch einer breiteren Öffentlichkeit bekannt gemacht durch Preise, die ihm zuerkannt wurden: den Kinderschutzpreis der Hanse-Merkur-Versicherung im Jahr 2000 und den Hamburger Bürgerpreis im Jahr 2002. Unabhängig davon schien in den Jahren, die wir als Arbeitsgruppe überblicken, das Interesse der Allgemeinheit an dem Thema zu wachsen. Immer wieder werden wir von Zeitungen, Zeitschriften, Rundfunk und Fernsehen um Interviews, Stellungnahmen und die Vermittlung von Gesprächen und Filmaufnahmen mit betroffenen Familien gebeten. Im Kontakt mit den Journalistinnen stellten wir erfreut fest, dass fast alle sich bemühten, feinfühlig und differenziert mit diesem empfindlichen Thema umzugehen und die Vorbehalte der Familien, die sich trotz ihrer Ängste vor Bloßstellung dankenswerterweise zur Verfügung stellten, zu respektieren.

Vorteile der Netzwerkarbeit

Aus den Erfahrungen, die wir in diesen 15 Jahren gemacht haben, lässt sich ableiten:

- Ein Betreuungsnetz hat Vorteile für die Familien, die betreut werden, denn sie müssen nicht lange nach kompetenter Unterstützung suchen. Die Tatsache, dass die beteiligten Fachleute voneinander wissen, erhöht bei den meisten das Vertrauen.
- Als Ergebnis der Öffentlichkeitsarbeit und des niedrigschwelligen Angebots von Unterstützung zeichnet sich ab, dass die betroffenen Familien selbstbewusster geworden sind. Ihre Bereitschaft, sich um Unterstützung an außenstehende Stellen zu wenden, hat zugenommen, ihre Ängste haben abgenommen.
- Das Netzwerk hat Vorteile für die Fachleute, denn sie sind über die vorhandenen Möglichkeiten der Unterstützung für ihre Klienten gut informiert, und die Kommunikationswege sind kurz.

- Der Wunsch der Fachleute nach gegenseitiger Information und Qualifikation ist groß. Zur Realisierung in Form regelmäßiger Treffen braucht es allerdings immer wieder einen neuen Anstoß, der idealerweise von einer festen Gruppe (z. B. einem Verein) geleistet werden kann.

Anhang

■ ■ Checkliste zur Risikoeinschätzung

Rund 90 % der Kinder von Eltern mit schweren psychiatrischen Erkrankungen bleiben in ihrem späteren Leben gesund. Dennoch ist die Erziehungs- und Jugendhilfe häufig mit den Problemen von Kindern psychisch kranker Eltern konfrontiert. Ein hoher Anteil von Unterbringungen in Pflegefamilien und Heimen wird mit der psychischen Erkrankung eines Elternteils begründet. Präventive Maßnahmen zur Unterstützung der Eltern und ihrer Kinder könnten dies zumindest teilweise verhindern. Hiervon kann auch die Psychiatrie profitieren: die Angst vor dem Jugendamt behindert Eltern oftmals, niedrigschwellige und sie unterstützende Hilfen in Anspruch zu nehmen. Von Krankheit betroffene Menschen werden somit weiter be- und nicht entlastet.

Die Zusammenarbeit von Erziehungs- und Jugendhilfe auf der einen Seite mit den Einrichtungen und Diensten psychiatrischer Versorgung ist eine der Voraussetzungen, damit präventive Maßnahmen in Gang gesetzt werden können. Zum zweiten braucht es aber auch ein Verfahren der Risikoeinschätzung: Wann sind Hilfen für Kinder psychisch kranker Eltern erforderlich? Welche Sachverhalte sollten dazu führen, dass sich der behandelnde Arzt oder die behandelnde Ärztin mit dem zuständigen Jugendamt in Verbindung setzt oder die Sozialarbeiterin oder der Sozialarbeiter beim Sozialpsychiatrischen Dienst eine Fallbesprechung mit Jugendamt und Psychiatrie initiiert? Wie können die Beteiligten erkennen, dass sie ihren Informationsbedarf nur in einem klärenden Gespräch mit anderen Beteiligten decken können? Schließlich: Welche Kriterien sind hilfreich, um zwischen den Beteiligten, also den professionellen Helfern und den betroffenen Eltern und ggf. den Kindern zu einer gemeinsamen Problemsicht zu gelangen, damit helfende Maßnahmen entwickelt, abgestimmt und umgesetzt werden können? Im Rahmen eines Modellprojektes des Dachverbandes Gemeindepsychiatrie e. V. Bonn zur Situation der Kinder psychisch kranker Eltern im Landkreis Birkenfeld, Rheinland-Pfalz, wurde das Bedürfnis nach einer »Checkliste zur Risikoeinschätzung« formuliert und bearbeitet. Der Leiter der psychiatrischen Abteilung in Idar-Oberstein, Herr Dr. Laufs, und der Leiter des Jugendamtes Birkenfeld, Herr Löffler, haben eine solche Checkliste entwickelt. Die Arbeitsgruppe wurde von Thomas Schmitt-Schäfer, Inhaber von »Transfer. Unternehmen für soziale Innovation«, begleitet. Der Fragebogen ist im Internet im DIN-A4-Format herunterzuladen unter: www.psychiatrie.de/data/pdf/e4/06/00/025_fragebogen.pdf

Gebrauchsanweisung

Die Checkliste ist in drei Bereiche gegliedert. Unter A. werden Informationen zu der Erkrankung eines Elternteils bzw. der Eltern gesammelt. Hier erfolgt bereits eine Risikoeinschätzung nach dem aktuellen Stand der wissenschaftlichen Literatur. Unter B. sind Fragen zusammengefasst, die sich auf die Risikoeinschätzung bedeutsamer psychosoziale Variablen beziehen und C. beinhaltet Kindvariablen. Bitte kreuzen Sie in dem entsprechenden Feld »Ja« oder »Nein« an. Sie finden in einzelnen Feldern die Ziffern A, B, C, D. Diese Ziffern dienen zur Einschätzung des Risikos der jeweiligen Variable.

A = sehr hohes Risiko
B = hohes Risiko
C = mittleres Risiko
D = geringes Risiko
Orientierungshilfen und Vorschläge zur weiteren Vorgehensweise finden Sie im Anschluss an die Liste der Variablen. Diese Checkliste ist kein wissenschaftlich geprüftes, valides Verfahren. Sie wurde aus der Praxis heraus für die Praxis entwickelt und kann eine wertvolle Basis für die Arbeit professioneller Helfer mit den betroffenen Familien sein, aber auch diese selbst können von den Fragen profitieren:

Angehörige und Freunde können die Checkliste zur strukturierten Einschätzung der Situation und eines eventuellen Hilfebedarfs nutzen.

Mitarbeiter der Jugendhilfe sollten einzelnen Fragestellungen mit der Familie oder nahestehenden Personen besprechen.

Mitarbeiter in der psychiatrischen Versorgung besprechen die einzelnen Fragestellungen mit ihrer Patientin bzw. ihrem Patienten oder deren Angehörigen.

Für die Hilfeplanung sind in jedem Fall einige Grunddaten zu den Kindern Ihrer Patientin bzw. Ihres Patienten erfragen.

Fragebogen

Grunddaten der Kinder

Bitte ankreuzen

Alter[1]	Geschlecht		Besucht das Kind		
	männlich	weiblich	den Kindergarten?	die Schule?	einen Ausbildungsplatz?
	☐	☐	nein ☐ ja ☐	nein ☐ ja ☐	nein ☐ ja ☐
	☐	☐	nein ☐ ja ☐	nein ☐ ja ☐	nein ☐ ja ☐
	☐	☐	nein ☐ ja ☐	nein ☐ ja ☐	nein ☐ ja ☐
	☐	☐	nein ☐ ja ☐	nein ☐ ja ☐	nein ☐ ja ☐

A. Risikoeinschätzung Elternvariablen

Bitte ankreuzen

Nr.		nein	ja
1	Ist die Mutter erkrankt?[2]		B
2	Ist der Vater erkrankt?		D
3	Sind beide Elternteile erkrankt?[3]		A
4	Sind andere Familienmitglieder psychisch erkrankt?[4]	D	
	Leidet der erkrankte Elternteil		
5	an einer Schizophrenie?[5]		B
6	an einer Depression?[6]		B
7	an einer manisch-depressiven Erkrankung?[7]	C	
8	an einer Persönlichkeitsstörung?	D	
9	Ist die Erkrankung in der Vergangenheit schon einmal aufgetreten?[8]	D	
10	Handelt es sich um einen chronischen Krankheitsverlauf?	C	
11	Bestand die Krankheit schon vor der Geburt des Kindes bzw. der Kinder oder trat die Erkrankung unmittelbar nach der Geburt eines Kindes auf?	C	
12	Geht mit der Erkrankung ein Ausfall der Alltagsversorgung des Kindes bzw. der Kinder einher?		A
13	Wird die Erkrankung vom Patienten bzw. der Patientin verleugnet oder der Partnerin bzw. dem Partner verleugnet?[9]	B	
14	Besteht eine Fixierung auf die Erkrankung?	C	
15	Gibt es Partner- bzw. Eheprobleme?		D

Nr.		
16	Ist der erkrankte Elternteil alleinerziehend?	D
17	Gibt es Personen im familiären System, die den erkrankten Elternteil in Krankheitsverarbeitung und Weiterentwicklung behindern?	D
18	Beschreibt der erkrankte Elternteil die Beziehung zum Kind bzw. zu den Kindern negativ?	D
19	Verhält sich der erkrankte Elternteil zum Kind bzw. zu den Kindern abweisend und entwertend?	D
20	Verhält sich der erkrankte Elternteil zum Kind bzw. zu den Kindern überfürsorglich und bevormundend?	D
21	Verhält sich der erkrankte Elternteil zum Kind bzw. zu den Kindern teilnahmslos und desinteressiert?	C
22	Hat der erkrankte Elternteil das Kind bzw. eines der Kinder produktiv in das eigene Wahnsystem integriert?	C

B. Risikoeinschätzung psychosoziale Variablen

Bitte ankreuzen

Nr.		nein	ja
23	Lebt die Familie in gesicherten wirtschaftlichen Verhältnissen?	B	
24	Gibt es ein Arbeitseinkommen?	C	
26	Bezieht Ihre Patientin bzw. Ihr Patient Sozialhilfe?		D
27	Ist die Familie in den letzten zwei Jahren umgezogen?		D
28	War mit einem solchen Umzug ein Schulwechsel für ein Kind verbunden?		C
29	Hat die Familie regelmäßigen Kontakt zu Freunden oder Menschen aus der Nachbarschaft?	B	
30	Hat die Familie Verwandte, Freunde, Menschen aus der Nachbarschaft, die kurzfristig unterstützend helfen können?	B	
31	Hat die Familie Verwandte, Freunde, Menschen aus der Nachbarschaft, die für längere Zeit in der Alltagsversorgung (Nahrung, Körperpflege, Betreuung) helfen können?	D	
32	Ist ein Familienmitglied in einem Verein, kirchlichen Gruppen etc. aktiv?	D	
33	Nimmt ein Familienmitglied an (kulturellen) Veranstaltungen (Dorffeste, Schulfeiern etc.) teil?	D	
34	Wird innerhalb der Familie offen über die Erkrankung geredet?	A	
35	Wissen Verwandte über die Erkrankung Bescheid?	C	
36	Ist der Kindergarten bzw. die Schule des Kindes über die Erkrankung in der Familie informiert?	D	
37	Befindet sich der erkrankte Elternteil in psychiatrischer Behandlung oder wird er von einem ambulanten Dienst betreut?		D

C. Risikoeinschätzung Kindvariablen

Bitte ankreuzen

Nr.		nein	ja
38	Hat das Kind oder eines der Kinder den Verlust oder die Trennung (Tod, Trennung, Einweisung in ein Heim) von wichtigen Bezugspersonen erlebt?		A
39	Ist die Beziehung des Kindes bzw. der Kinder zum gesundem Elternteil tragfähig, vermittelt sie Sicherheit und Kontinuität?	A	
40	Hat das Kind bzw. eines der Kinder eine tragfähige Beziehung zu einer Bezugsperson außerhalb des engeren Familienkreises aufbauen können?	B	
41	Gibt es Konflikte zwischen einer außenstehenden Bezugsperson des Kindes bzw. eines der Kinder und Ihrer Patientin bzw. Ihrem Patienten oder seinem bzw. ihrem Partner?		C
42	Fühlt sich das Kind bzw. eines der Kinder für die Erkrankung des Elternteils mitverantwortlich (schuldig)?		B
43	Übernimmt das Kind bzw. eines der Kinder Zuschreibungen aus dem Wahnsystem des erkrankten Elternteils?		B
44	Übernimmt das Kind bzw. eines der Kinder Elternfunktionen wie Versorgung des Haushalts oder die Betreuungvon Geschwistern?		C
45	Hat das Kind bzw. die Kinder Freunde oder Spielkameraden?	B	
46	Hat das Kind bzw. die Kinder Kontakt zu Nachbarn?	D	
47	Besucht das Kind bzw. die Kinder regelmäßig die Schule, den Kindergarten, den Ausbildungsplatz?		C
48	Wurde seitens des Kindergartens, der Schule oder vom Arbeitsplatz von Auffälligkeiten wie sozialem Rückzug, Abbruch von Kontakten, Leistungsabfall berichtet?		B
49	Wurde seitens des Kindergartens, der Schule oder vom Arbeitsplatz ein psychosozialer Fachdienst wie Kinderfrühförderung, schulpsychologischer Dienst, Beratungsstelle o. ä. eingeschaltet?		C
50	Stottert das Kind bzw. eines der Kinder oder wird eine andere Sprach- oder Sprechstörung bemerkt? Falls zutreffend: wird eine Lese- oder Rechtschreibstörung bemerkt?		C
51	Werden beim Kind oder einem der Kinder eine Aufmerksamkeits- oder Aktivitätsstörungen beobachtet?		C
52	Werden beim Kind oder einem der Kinder ein extremes Maß an Streiten oder Tyrannisieren, Grausamkeit gegenüber anderen Personen oder Tieren beobachtet?		B
53	Werden beim Kind oder einem der Kinder eine erhebliche Destruktivität, Feuerlegen, Stehlen, häufiges Lügen, ungewöhnlich häufige und schwere Wutausbrüche und Ungehorsam beobachtet?		C
54	Ist das Kind bzw. eines der Kinder schon einmal von zu Hause weggelaufen?		B

C. Risikoeinschätzung Kindvariablen

Bitte ankreuzen

Nr.		nein	ja
55	Hat sich das Kind oder eines der Kinder schon einmal absichtlich selbst verletzt? Wurde schon einmal suizidales Verhalten beobachtet?		B
56	Leidet das Kind bzw. eines der Kinder an für das Entwicklungsalter untypischen Einnässen oder Einkoten?		C
57	Wird das Kind bzw. eines der Kinder als überängstlich, furchtsam, still, in sich gekehrt oder anklammernd erlebt?		C
58	Werden beim dem Kind bzw. einem der Kinder Verwahrlosungstendenzen beobachtet?		B
59	Wird beim dem Kind bzw. einem der Kinder eine andere Auffälligkeit beobachtet oder beschrieben?		D

1 Je jünger das Kind zum Zeitpunkt des Ausbruchs der Erkrankung, desto größer das Risiko.
2 Kinder einer psychisch (auch an Schizophrenie) erkrankten Mutter sind stärker beeinträchtigt als Kinder psychisch kranker Väter, was sich in einem verstärkt auftretenden dissozialen Verhalten bzw. Rückzugstendenzen der Kinder ausdrückt.
3 Bei zwei erkrankten Elternteilen liegt das Risiko der Kinder, selbst zu erkranken, zwischen 5 % und 50 %.
4 Das Erkrankungsrisiko für eine Schizophrenie steigt mit zunehmendem Verwandtheitsgrad.
5 Nach vorliegenden Forschungsergebnissen sind Kinder schizophrener Eltern besonders gefährdet. Die Wahrscheinlichkeit, als Kind schizophrener Eltern selbst zu erkranken, liegt bei 10 % – 15 % im Vergleich mit einem allgemeinen Lebenszeitrisiko von 1 %. Zahlreiche Untersuchungen liefern Hinweise für Auffälligkeiten im kognitiven und emotionalen Bereich sowie auf Störungen des Sozialverhaltens und der Beziehungen zu Gleichaltrigen.
6 Nach Studien, in denen Kinder bipolar und unipolar Erkrankter persönlich untersucht worden sind, waren Kinder schizophrener oder unipolar erkrankter Eltern am leichtesten ablenkbar, störbar und in ihrer sprachlichen Kompetenz eingeschränkt. Die Kinder bipolarer Eltern unterschieden sich in vielen Bereichen nicht von der Kontrollgruppe. In einer Studie von Hameln et al. wiesen 42 % der Kinder unipolarer Eltern eine major depression gegenüber jeweils 25 % bei bipolaren und High-Stress-Familien.
7 In einigen Studien, in denen die Eltern und Bezugspersonen von Kindern bipolar und unipolar Erkrankter nach Auffälligkeiten bei ihren Kindern befragt worden sind, wurden bei bipolar Erkrankten häufiger Ängste, Hypochondrie, Impulsivität, Stimmungslabilität und motorische Auffälligkeiten angegeben als in der Vergleichsgruppe.
8 Je schwerer und langdauernder die Erkrankung, desto höher ist das Risiko für die Kinder.
9 Fehlende Krankheitseinsicht erhöht das Risiko für die betroffenen Kinder. Sie begünstigt eine Tabuisierung oder Verleugnung der Erkrankung und befördert auf diesem Wege die soziale Isolation.

Auswertung

Nachdem Sie die Liste bearbeitet haben, ermitteln Sie bitte die Häufigkeit der von Ihnen angekreuzten Ziffern und tragen sie diese in die nachstehende Tabelle ein.

Risikoeinschätzung	Anzahl der in der Checkliste vorhandenen Ziffern	Häufigkeit der ermittelten Ziffern
A = sehr hohes Risiko	5	
B = hohes Risiko	16	
C = mittleres Risiko	18	
D = geringes Risiko	19	

Mit der Häufigkeit der Nennungen steigt das Risiko der Kinder, selbst zu erkranken oder andere Beeinträchtigungen davonzutragen. Hierbei beachten Sie bitte die qualitativen Abstufungen, die mit den unterschiedlichen Ziffern verbunden sind.

Die konkreten Angebote und Leistungen in der psychiatrischen Versorgung sind in den einzelnen Regionen unterschiedlich ausgestaltet. Es ist schon aus diesem Grund nicht möglich, die Durchführung einzelner Maßnahmen vorzuschlagen. Sind Sie zu dem Ergebnis gekommen, dass im konkreten Einzelfall eine Gefährdung für das Kind vorliegt, so empfehlen wir Ihnen das Gespräch mit dem behandelnden Facharzt bzw. dem betreuenden ambulanten Dienst. Befindet sich der erkrankte Elternteil in teilstationärer oder stationärer psychiatrischer Behandlung, wenden Sie sich dort bitte an die behandelnden Ärztinnen und Ärzte.

In vielen Fällen wird eine solche Information und eine entsprechende Abstimmung genügen. Es kann aber auch erforderlich sein, die Situation des Kindes bzw. der Kinder im Rahmen einer Fallkonferenz aller mit der betroffenen Familie befassten Dienste zu thematisieren und gemeinsam Lösungen zu suchen.

Adressliste der BAG Kinder psychisch kranker Eltern

01968 Senftenberg
»Kleine Angehörige« in Senftenberg
Kinderprojekt am Sozialpsychiatrischen Dienst
Großenhainerstr. 30 i

04177 Leipzig
Kinder-, Jugend- und Familienberatungsstelle AURYN
Träger: Verein für Angehörige und Freunde psychisch Kranker – WEGE e. V.
Lützner Str. 75; Kontakt: Melanie Gorspott
Tel. 03414785899, E-Mail: auryn@wege-ev.de

06110 Halle (Saale)
SEELENSTEINE – spezialisierte ambulante Erziehungshilfe für Familien mit psychisch kranken Eltern (-teilen)
Trägerwerk Soziale Dienste Sachsen-Anhalt e. V.
Huttenstr. 51
Kontakt: Jeanette Abel, Wiebke Otto, Christiane Budig
Tel. 03456783767, E-Mail: info@seelensteine.org

07743 Jena
Wandlungswelten
Carl-Zeiss-Platz 3

10827 Berlin
Sunny Side Up – ein Angebot für Kinder und ihre psychisch erkrankten Eltern der GamBegGmbH
Feurigstr. 54

14057 Berlin
Patenschaften für Kinder psychisch erkrankter Eltern – ein Angebot von AMSOC (Ambulante Sozialpädagogik Charlottenburg e. V.)

Kaiserdamm 21
E-Mail: kontakt@amsoc-patenschaften.de
20246 Hamburg
CHIMPs Hamburg
Klinik für Kinder- und Jugendpsychiatrie, -psychotherapie und -psychosomatik
Martinistr. 52, W 29
und MSH Medicalschool Hamburg
Kontakt: Silke Wiegand-Grefe
E-Mail: silke.Wiegand-Grefe@medicalschool-hamburg.de
21502 Geesthacht / Elbe
Verein Vergissmeinnicht für Kinder psychisch und suchtkranker Eltern e. V.
Auf dem Heinrichshof 6
22041 Hamburg
PFIFF gGmbH
Pflege- und Patenfamilien, Fachdienst für Familien, Patenschaften für Kinder psychisch kranker Eltern
Brauhausstieg 15–17
22081 Hamburg
Op de Wisch e. V.
Sozialpädagogische Familienhilfe
Alter Teichweg 7–9
22335 Hamburg
Ambulante Hilfen für Familien
Träger: Freundeskreis Ochsenzoll
Fuhlsbütteler Damm 83–85
22767 Hamburg
Projekt SeelenHalt des Diakonie-Hilfswerks Hamburg
Königstr. 54

Kontakt: Maike Struve
Tel. 04030620-245, E-Mail: struve@diakonie-hamburg.de

22769 Hamburg
»SeelenNot« Verein zur Unterstützung von Familien mit seelisch kranken Eltern e. V.
c/o Op de Wisch e. V.
Eimsbütteler Str. 93
Kontakt: Dr. med. Christiane Deneke
E-Mail: beratung@seelennot-ev.de

23552 Lübeck
Pampilio – ergotherapeutisch-sozialpädagogisches Förderangebot für Kinder psychisch erkrankter oder belasteter Eltern
Träger: Die BRÜCKE Lübeck gGmbH
Holstenstr. 14–16
Kontakt: Nicole Kayser-Siewert, Sophie Lange-Schwartz, Diana Kuchenbecker
Tel. 04512963450, E-Mail: pampilio@diebruecke-luebeck.de

23552 Lübeck
kim – Kinder im Mittelpunkt. Psychosoziale Hilfen für Familien in besonderen Lebenslagen
Träger: Soliton e. V. – Psychosoziale Hilfen
Regionalstelle Kreis Ostholstein, Hansestadt Lübeck
Breite Str. 11
Tel. 0451300369-93, Fax -94, E-Mail:
s.groth@kim-sh.de; m.osterode@kim-sh.de
Kontakt: Michaela Osterode

23701 Eutin
Tipi – Hilfen für Kinder aus seelisch und suchtbelasteten Familien; c/o Sozialpsychiatrischer Dienst Ostholstein
Holstenstr. 52

24116 Kiel
kim – Kinder im Mittelpunkt. Psychosoziale Hilfen für Familien in besonderen Lebenslagen
Träger: Soliton e. V. – Psychosoziale Hilfen
Wilhelmplatz 2a
Kontakt: Solvejg Groth, Michaela Osterode
Tel. 04312604140,
E-Mail: s.groth@kim-sh.de und m.osterode@kim-sh.de

24143 Kiel
Betreuung bestehender Patenschaften für Kinder psychisch erkrankter Eltern
Elisabethstr. 55
Kontakt: Ruth Böhm
Tel. 04312207110, E-Mail: r.boehm@kiepe-kiel.de

24837 Schleswig
Arbeitskreis Kinder psychisch kranker Eltern des Kreises Schleswig-Flensburg
c/o Ulrike Behme-Matthiessen, Schleiklinikum Schleswig
Lutherstr. 22

24937 Flensburg
Pateneltern Flensburg – Kontakt von Mensch zu Mensch. Ein präventives Angebot für Kinder von psychisch belasteten Eltern
Trägergemeinschaft: Haus der Familie und Kinderschutzbund Flensburg
Wrangelstr. 18
Kontakt: Julia Böttcher, Dipl.-Päd.
Tel. 0461503260, E-Mail: info@pateneltern-flensburg.de

27474 Cuxhaven
Patenschaftsmodell im Landkreis Cuxhaven
Amt für Jugendhilfe; Vincent-Lübeck-Str. 2

27749 Delmenhorst
Projekt DELKip – Delmenhorster Kinder psychisch kranker Eltern
c/o Leitung Sozialpsychiatrischer Dienst
Lange Str. 1a

28195 Bremen
PiB – Pflegekinder in Bremen
Bahnhofstr. 28–31

28217 Bremen
Projekt Kokon Bremen – Wohngemeinschaft für psychisch kranke Eltern und ihre Kinder
St. Magnus-Str. 8

31582 Nienburg
Projekt »Ariadne« – Begleitung für Kinder und Jugendliche mit seelisch belasteten oder suchtkranken Eltern
Paritätischer Wohlfahrtsverband Niedersachsen e. V., Kreisverband Nienburg
Bahnhofstr. 3

33098 Paderborn
DFG-Projekt Schizophrenie & Elternschaft, Juliane Kuhn
Katholische Hochschule Nordrhein-Westfalen– Abteilung Paderborn
Leostr. 19

33617 Bielefeld
Das KANU-Projekt – ein Präventionsangebot für Familien mit einem psychisch erkrankten Elternteil
Abteilung für Forschung, Klinik für Psychiatrie und Psychotherapie
Ev. Krankenhaus Bielefeld
Remterweg 69–71

35032 Marburg
Universität Marburg, Fachbereich Psychologie, AG Klinische Psychologie und Psychotherapie
Gutenbergstr. 18
Kontakt: Hanna Christiansen
Tel. 06421282-3668, E-Mail: christih@staff.uni-marburg.de

37085 Göttingen
AG zur Unterstützung von Familien mit psychisch kranken Elternteilen
c/o Sozialpsychiatrischer Verbund – Sozialpsychiatrischer Dienst
Am Reinsgraben 1
Kontakt: A. Traube-Bömelburg
Tel. 05514004862, E-Mail: sozpsychdienst@goettingen.de

38446 Wolfsburg
Sozialpsychiatrischer Verbund
Rosenweg 1a

39106 Magdeburg
Familienhaus Magdeburg e.V.
Walther-Rathenau-Str. 30

40211 Düsseldorf
Projekt »klAng« – kleine Angehörige. Hilfen für Familien mit Suchtbelastung oder psychischer Erkrankung
Caritas für Düsseldorf
Klosterstr. 86

42285 Wuppertal
»ZeitRaum«– Angebot von alpha e.V. für Familien mit einem psychisch erkrankten Elternteil
Heinz-Kluncker Str. 8
Kontakt: Regina Gräfe
Tel. 0202 698 298 76, E-Mail: ZeitRaum@alphaev.de

42697 Solingen
KIPS – Kinder- und Familienprojekt »Unterstützung von Kindern psychisch erkrankter Eltern«
Lennestr. 1
Kontakt: Günter Weber
Tel. 02122312680, E-Mail: awo-kips@telebel.de

42781 Haan
KIPKEL – Prävention für Kinder psychisch kranker Eltern
Walder Str. 5–7
Kontakt: Susanna Staets, Silke Forkert
Tel. 02129346972, E-Mail: praxis@kipkel.de

42855 Remscheid
Psychologische Beratungsstelle der Stadt Remscheid
Hastener Str. 15

45127 Essen
Projekt EEEIPP der Fakultät für Bildungswissenschaften
Universität Duisburg-Essen
Weststadttürme, Berliner Platz 6–8
Kontakt: Prof. Dr. Ullrich Bauer
Tel. 0201802-0, E-Mail: ullrich.bauer@uni-due.de

45699 Herten
LWL-Kliniken Herten
Im Schlosspark 20

45721 Haltern am See
pro anima – Prävention für Kinder mit psychisch oder suchtkranken Eltern; Caritasverband Haltern e. V.
Sixtusstr. 39

46325 Borken
Sonnenzeit – Regenzeit »... wenn Eltern seelische Krisen durchleben«

Beratungsstelle für Kinder, Jugendliche und Eltern
beim Caritasverband für das Dekanat Borken
Kontakt: Doris Zurstraßen, Barbara Schröer
Tel. 02861945750, E-Mail: beratungsstelle@caritas-borken.de
46485 Wesel
Haus St. Josef Wesel – Betreutes Wohnen
Träger: Sozialdienst Katholischer Frauen Wesel
Am Birkenfeld 14
47119 Duisburg
Netzwerk für Kinder psychisch kranker Eltern
Viktoriastr. 8
Kontakt: Marcel Hellmich
Tel. 0203283-5439, E-Mail: m.hellmich@stadt-duisburg.de
47805 Krefeld
Projekt Drachenflug
Spinnerei Str. 73
48431 Rheine
LWL – Klinik Lengerich
Hörstkamp 12
49477 Ibbenbüren
EZB Caritas Ibbenbüren
Klosterstr. 19
50668 Köln
Netz | Werk für Kinder aus psychisch belasteten Familien
Stiftung Leuchtfeuer
Riehler Str. 6
Kontakt: Dagmar Wiegel
Tel. 0221 9233993, E-Mail: dwiegel@stiftung-leuchtfeuer.de
50968 Köln
Kinderschutzzentrum Köln; Bonner Str. 151

51379 Leverkusen
Kinder in Krisen (KiK) Leverkusen – Hilfen für Kinder psychisch kranker und suchtkranker Eltern
Sozialdienst katholischer Frauen e. V.
Düsseldorfer Str. 2
Kontakt: Frau Scheer
Tel. 0217149030, E-Mail: info@skf-leverkusen.de

52066 Aachen
AKisiA – Auch Kinder sind Angehörige
Deutscher Kinderschutzbund – Ortsverband Aachen
Kirberichshofer Weg 27–29
Kontakt: Vera Magolei
Tel. 024194994-0,
E-Mail: vera.magolei@kinderschutzbund-aachen.de

52349 Düren
Psychologisches Beratungszentrum der Ev. Gemeinde
Wilhelm-Wester-Weg 1

52349 Düren
Arbeitskreis »Kinder psychisch kranker Eltern«
c/o Psychologisches Beratungszentrum
Wilhelm-Wester-Weg 1

53111 Bonn
Eulenburg e. V., Hilfen in psychosozialen Notlagen für Kinder, Jugendliche, junge Erwachsene sowie deren Familien und Angehörige
Nordstr. 11

53113 Bonn
Projekt »Sonnenkinder«
Träger: Hilfe für psychisch Krank e. V. Bonn/Rhein-Sieg
Kaiserstr. 79

Kontaktperson: Petra Marx-Kloß
Tel. 0228 36032172, E-Mail: petra.marx-kloss@t-online.de

53117 Bonn
Modellprojekt »Hilfen für Kinder psychisch erkrankter Eltern«
Ev. Jugendhilfe Godesheim
Vennerstr. 20

53119 Bonn
»Die vergessenen Kinder«
Familien-Selbsthilfe Psychiatrie BApk e. V.
Oppelner Str. 130; Kontakt: Beate Lisofsky
Tel. 0228 71002404, Fax 0228658063,
E-Mail: bapk@psychiatrie.de

58448 Witten
Lehrstuhl für Pflegewissenschaft
Private Universität Witten/Herdecke gGmbH
Alfred-Herrhausen-Straße 50

60313 Frankfurt am Main
Fachstelle für Kinder psychisch kranker Eltern
Stiftung Waisenhaus
Bleichstr. 12
Kontakt: Fr. Bornemann-Sörgel, Fr. Herber, Fr. Fischer-Rosa, Hr. Schmidt
Tel. 069 29800-343, -375, -369, -367, E-Mail: barbara.bornemann-soergel@waisenhaus-frankfurt.de

60487 Frankfurt a. M.
Hilfen für Kinder psychisch erkrankter Eltern
AURYN-Frankfurt e. V.
Leipziger Str. 4
Kontakt: Karin Schuhmann, Dr. Susanne Schlüter-Müller, Christine McGuire

Tel. 069 95507130, E-Mail: info@auryn-frankfurt.de
60488 Frankfurt
CPH Centrum für psychoorganische und psychosoziale Hilfe e. V.
Bachmann-Str. 2–4
61440 Oberursel (Taunus)
»Perspektiven für Kinder«– Modellprojekt für Kinder psychisch erkrankter Eltern
Alberusstr. 5
Kontakt: Renate Bock und Claudia Schätzel
Tel. 061719554866, E-Mail: kinder@perspektivenev.de
63303 Dreieich
Heilpädagogische Initiativen e. V. Kinder in Familien – Ambulante Hilfen
Darmstädter Str. 58
64287 Darmstadt
Kinderprojekt Darmstadt im Sozialpsychiatrischen Verein Darmstadt
Erbacher Str. 57
Kontakt: Elke Altwein
Tel.: 061514979571,
E-Mail: elke.altwein@sozialpsychiatrischer-verein.de
66123 Saarbrücken
Selbsthilfegruppe »Erwachsene Kinder psychisch kranker Eltern«; Rhein-Neckar
Brauerstr. 10
67227 Frankenthal
Projekt CHILLIES
Deutscher Kinderschutzbund Ortsverband Frankenthal e. V.
Carl-Theodor-Str. 11

67227 Frankenthal
Stadtklinik Frankenthal, Psychiatrie, CHILLIES – Spiel- und Freizeitangebot für Kinder psychisch belasteter Elternteile
Elsa-Brandström-Str. 1

67271 Obersülzen
Gesellschaft Integrative Lebensarbeit GILA mbH
Hauptstr. 52

67655 Kaiserslautern
Arbeitskreis »Kinder psychisch kranker Eltern« der Stadt und des Kreises Kaiserslautern; Caritas-Zentrum
Engelsgasse 1
Kontakt: Peter Rusch
Tel. 06313638222, E-Mail: peter.rusch@caritas-speyer.de

68161 Mannheim
MaIKE – Mannheimer Initiative für Kinder mit psychisch kranken Eltern
Psychologische Beratungsstelle für Erziehungs-, Ehe- und Lebensfragen der Ev. Kirchengemeinde Mannheim
M 1, 9a
Kontakt: Jürgen Johannes Ebner
Tel. 06212800028o, E-Mail: team@pb.ekma.de

69115 Heidelberg
Balance – Beratungsstelle für Kinder psychisch kranker Eltern
Universitätsklinikum Heidelberg; Voßstr. 4
Kontakt: Brigitte Bach-Ba, Annerose Steffan
Tel. 06221564436 o. 062215637137,
E-Mail: balanceprojekt@web.de, balance@uni-hd.de

69115 Heidelberg
Forum für Kinder psychisch kranker Eltern Heidelberg + Rhein-Neckar-Kreis

c/o Landratsamt – Gesundheitsamt
Kurfürstenanlage 38–40
Kontakt: Heidi Flassak
Tel. 06221 5221866,
E-Mail: heidi.flassak@rhein-neckar-kreis.de
69115 Heidelberg
AGFJ-Familienhilfe-Stiftung; Regionalgruppe Heidelberg
Hospitalstr. 3
69168 Wiesloch
Psychiatrisches Zentrum Nordbaden
Heidelberger Str. 1a
69168 Wiesloch
SPHV Rhein-Neckar e. V. Wiesloch
Höllgasse 1
70563 Stuttgart
Projekt Aufwind für Kinder psychisch kranker Eltern
Ev. Gesellschaft Stuttgart e. V.
Robert-Koch-Str. 9
72763 Reutlingen
Kindergruppe für Jungen und Mädchen psychisch kranker Eltern
Oberlinstr. 37
74072 Heilbronn
Projekt zur Unterstützung von Kindern psychisch kranker Eltern
Olgastr. 15
74889 Sinsheim
Kipke Sinsheim
Bürgerkreis für psychosoziale Arbeit e. V./Familienhilfe und komplementäre Dienste
Kirchplatz 12a

78224 Singen
Skipsy – Singener Kinder- und Jugendbetreuung psychisch kranker Eltern
Träger: AWO KV Konstanz, Förderverein für Sozialpsychiatrie e. V.
Heinrich-Weber-Platz 2
Kontakt: Theresa Reichmann, Maria Müller
Tel. 07731958000. 077335225,
E-Mail: skipsy@awo-konstanz.de

80335 München
Münchner Arbeitskreis Ki.ps.E. (Kinder psychisch kranker Eltern)
c/o Sozialpsychiatrischer Dienst Schwabing
Dachauerstr. 9 und 9a
Kontakt: Hanna Sigel
Tel. 089 33007130, E-Mail: hanna.sigel@caritasmuenchen.de

80335 München
Koordination Patenschaftsprojekt für Kinder psychisch erkrankter Eltern
Träger Sozialdienst Katholischer Frauen e. V. München
Dachauer Str. 48

82467 Garmisch-Partenkirchen
Fachambulanz – Projekt Kinderleicht
Caritas-Zentrum Garmisch-Partenkirchen
Dompfaffstr. 1
Kontakt: Susanne Härtl
Tel. 0882194348-30 oder -22,
E-Mail: susanne.haertl@caritasmuenchen.de

85057 Ingolstadt
Gruppenangebot »... nicht von schlechten Eltern«

Erziehungs- und Familienberatung – Psychologische Beratungsstelle für Kinder und Jugendliche
Gabelsbergerstr. 46
86156 Augsburg
Kindersprechstunde im BKH Augsburg
Dr. Mack-Str. 1
Kontakt: Livia Koller
Tel. 08215030459, E-Mail: lkoller@st-gregor-jugendhilfe.de
87600 Kaufbeuren
Kindergruppe »Ich bin wichtig«
Psychologische Beratungsstelle, Träger KJF Augsburg e. V.
Baumgarten 18
E-Mail: erziehungsberatungsstelle@kaufbeuren.de
88045 Friedrichshafen
Angebot für Kinder und Jugendliche mit psychisch krankem Elternteil
Allmandstr. 6
88212 Ravensburg
Landratsamt Ravensburg; Jugendamt-Projektstelle KIP
Gartenstr. 107
89312 Günzburg
Psychologische Beratungsstelle, Günzburg
Hofgartenweg 8
Kontakt: Artur Geis
Tel. 0822195401, E-Mail: info@eb-guenzburg.de
89312 Günzburg
FIPS Günzburg
Ludwig-Heilmeyer-Str. 2
Kontakt: Susanne Kilian
Tel. 08221962874, E-Mail: susanne.kilian@bkh-guenzburg.de

90419 Nürnberg
Arbeitskreis Kinder seelischer erkrankter Eltern
c/o Dr. Susanne Simen, Oberärztin
Klinik für Psychiatrie und Psychotherapie Klinikum Nürnberg Nord
Prof.-Ernst-Nathan-Str. 1
Tel. 0911 398-3960,
E-Mail: susanne.simen@klinikum-nuernberg.de

91522 Ansbach
CHAMÄLEON – Gruppe für Kinder von psychisch kranken Eltern
Eltern-, Jugend- und Familienberatungsstelle
Landratsamt Ansbach
Crailsheimstr. 1

91781 Weißenburg
Mut-mach-Gruppe für Kinder in besonderen Situationen
Eltern- und Jugendberatungsstelle des Diakonischen Werks Weißenburg-Gunzenhausen
in Zusammenarbeit mit Stephanie Strauß, Kinder- und Jugendpsychotherapeutin
Pfarrgasse 3

96049 Bamberg
Klinikum am Michelsberg
Sozialstiftung Bamberg
St.-Getreu-Str. 14–18

97070 Würzburg
Fachberatungsangebot »Gute Zeiten – schlechte Zeiten« für Kinder und ihre psychisch erkrankten Eltern, Ev. Beratungszentrum der Diakonie Würzburg
Stephanstr. 8

Kontakt: Andreas Schrappe, Anja Rapp
Tel. 0931 30501-0, Fax -30
E-Mail: schrappe.ebz@diakonie-wuerzburg.de

Hilfreiche Internetadressen

www.bzga.de ist die Seite der Bundeszentrale für gesundheitliche Aufklärung mit oft kostenlos erhältlichem Informationsmaterial.
www.bag-kipe.de ist die Homepage der Bundesarbeitsgemeinschaft Kinder psychisch kranker Eltern, ein Zusammenschluss von Fachleuten verschiedenster Projekte.
www.bapk.de enthält Informationen für Familien mit psychisch Kranken zur Selbsthilfe und wichtige Kontaktadressen des Bundesverbandes der Angehörigen psychisch Kranker (BApK).
www.gaimh.de ist die Seite der Gesellschaft zur Förderung der seelischen Gesundheit in der frühen Kindheit e. V. (GAIMEH) mit Informationen über ambulante Angebote und Adressen von Frühforderzentren und Schreiambulanzen.
www.kinderschutz-zentren.org ist eine Anlaufstelle bei allen Problemen, die Familien betreffen können.
www.kipsy.net ist eine Initiative des BApK mit Informationsmaterialien für Kinder psychisch kranker Eltern sowie eine Datenbank verschiedener Hilfeangebote in Deutschland.
www.marce-gesellschaft.de beschäftigt sich mit schwangerschaftsassoziierten psychischen Erkrankungen von Frauen. Dort findet man auch eine Liste von Einrichtungen mit Eltern-Kind-Behandlungen.
www.psychiatrie.de/dachverband/kinder zeigt vor dem Hintergrund einer Deutschlandkarte ein breites Hilfespektrum für

Kinder psychisch erkrankter Eltern, auch wenn die Qualität der Angebote und die regionale Ausdifferenzierung sehr unterschiedlich sind.

www.netz-und-boden.de ist die Website der Initiative für Kinder psychisch Kranker, die sowohl für Kinder wie erkrankte Eltern Informationen, Austauschmöglichkeiten und Adressen bereithält.

www.schatten-und-licht.de steht für eine Selbsthilfeorganisation, die neben wichtigen Adressen auch Erfahrungsberichte zum Thema Depression nach der Geburt veröffentlicht.

Literaturempfehlungen

Fachbücher

DEEGENER, G.; KÖRNER, W. (2006): Risikoerfassung bei Kindesmisshandlung und Vernachlässigung. Pabst Verlag Lengerich.

HEINRICHS, N.; BODENMANN, G.; HAHLWEG, K. (2008): Prävention bei Paaren und Familien. Hogrefe Göttingen.

LENZ, A. (2005): Kinder psychisch kranker Eltern. Hogrefe Göttingen.

LENZ, A. (2007): Interventionen bei Kindern psychisch kranker Eltern. Hogrefe Göttingen.

LENZ, A.; JUNGBAUER, J. (2008): Kinder und Partner psychisch kranker Menschen. Dgvt-Verlag Tübingen.

SCHONE, R.; WAGENBLASS, S. (2010): Wenn Eltern psychisch krank sind ... Kindliche Lebenswelten und institutionelle Handlungsmuster. Beltz-Juventa Münster.

WIEGAND-GREFE, S.; MATTEJAT, F.; LENZ, A. (Hg.) (2011):

Kinder mit psychisch kranken Eltern. Klinik und Forschung. Vandenhoeck & Ruprecht Göttingen.
ZIEGENHAIN, U.; FEGERT, J. M. (Hg.) (2008): Kindeswohlgefährdung und Vernachlässigung. Reinhardt Verlag München.

■■■ Kinderbücher und Jugendbücher

BOIE, Kirsten (2005): Mit Kindern redet ja keiner. Fischer Taschenbuch, Frankfurt am Main.
Charlottes Mama fängt auf einmal an, ständig zu schimpfen. Oder sie liegt nur noch traurig im Bett und kümmert sich gar nicht mehr um den Haushalt. Ständig streiten die Eltern, aber mit Charlotte redet keiner. Erst als die Mutter ihrer besten Freundin ihr erklärt, was Depressionen sind und wie Charlottes Mutter sich fühlt, kann sie endlich auch über ihre Gefühle sprechen. Für Kinder ab 11.

CAVE, Kathryn; RIDDELL, Chris (1999): Irgendwie anders. Oetinger, Hamburg.
Vermittelt grundsätzliche Werte wie Toleranz, Respekt und Achtung vor dem anderen für Kindergartenkinder.

HAUGEN, Tormod (1981): Die Nachtvögel. dtv junior, München.
Joachim steckt voller Angst, besonders abends fürchtet er sich, wenn die Nachtvögel im Schrank rumoren – auch wenn seine Eltern sagen, dass es sie gar nicht gibt. Schließlich gelingt es Joachim, mit der Angst fertig zu werden. Für Kinder ab 10.

HOMEIER, Schirin (2006): Sonnige Traurigtage (inklusive Informationen für Eltern und Angehörige). Mabuse-Verlag, Frankfurt am Main.
Erzählt von Depressionen für Grundschulkinder.

MANNSDORF, Peter (2005): Fliegen ohne Flügel. Shift (Selbst-)Verlag, Berlin.
Jugendroman über einen neunjährigen Jungen, der mit seinem verwirrten Vater in den Dschungel fahren muss ...

MANNSDORF, Peter (2005): Robbi und sein ungezähmter Vater. Shift (Selbst-)Verlag, Berlin.
Robbis Vater ist wegen seiner psychischen Erkrankung in der Klinik und Robbi quält die Frage, ob er nun in ein Heim muss. Fortsetzung von »Fliegen ohne Flügel«.

MOSCH, Erdmute von (2008): Mamas Monster. Balance buch + medien verlag.
Erklärt einfühlsam Depressionen für Kindergarten- und Grundschulkinder.

LUND ERIKSEN, Endre (2007): Beste Freunde oder der ganz normale Wahnsinn. Dressler, Hamburg.
Als zwei Vertreter vom Jugendamt auftauchen und sich mächtig für das Zuhause des 13-jährigen Terjes interessieren, schmieden er und sein Freund Jim einen Plan, wie sie Terjes trinkenden Vater und Jims ängstliche Mutter als perfektes Elternpaar in Szene setzen können.

STRATENWERTH, Irene; BOCK, Thomas (2010): Die Bettelkönigin. Balance buch + medien verlag, Köln.
Zeigt einem Jungen und einem Mädchen am Beispiel ihrer »Wahloma«, was Psychosen sind – für Kinder ab 9.

TILLY, Christiane; OFFERMANN, Anja (2012): Mama, Mia und das Schleuderprogramm. Balance buch + medien verlag, Köln.
»Bei deiner Mama wirbeln ganz viele Gedanken und Gefühle durcheinander. So wie bei einer Waschmaschine«, erklärt eine Ärztin Mia die Borderline-Erkrankung ihrer

Mutter. »Und manchmal findet sie die Stop-Taste nicht, dann geht es ihr schlecht.« Was Mama tun kann, damit es ihr bald besser geht, erfährt Mia auch noch. Und ganz nebenbei geht für sie ein großer Wunsch in Erfüllung. Für Kinder ab 4.

TROSTMANN, Kerstin; JAHN, R. (2010): Der beste Vater der Welt. Balance buch + medien verlag, Köln.

WUNDERER, Susanne (2010): Warum ist Mama traurig. Mabuse-Verlag, Frankfurt am Main.

Erklärt Depressionen für kleine Kinder bis 5, mit Gesprächstipps für die Eltern

■■■ Erfahrungsberichte erwachsener Kinder psychisch Kranker

OHANA, Katharina (2006): Ich, Rabentochter. Nymphenburger, München.

Wenn Katharina Ohana als Kind von der Schule heimkam, »roch es manchmal nach Essen, manchmal nach Ärger und manchmal nach Depression«. Sie erzählt, wie sie aus einer traumatisierten Familie den Weg zu sich selbst und in ein erfolgreiches Berufsleben gefunden hat.

SORIA, Corinna (2007): Leben zwischen den Seiten. Wieser-Verlag, Klagenfurt (früher Suhrkamp).

Eine Tochter berichtet über ihre Kindheit, ihre Beziehung zur verrückten Mutter und ihr Leben als Außenseiterin in der katholisch geprägten Welt der Pflegeeltern.

Herausgeberin und Herausgeber

Beate **Lisofsky**, Jahrgang 1958. Diplom-Journalistin, Redakteurin der Psychosozialen Umschau, seit 2000 Pressereferentin des Bundesverbandes der Angehörigen psychisch Kranker e. V. Kontakt: BApK-Geschäftsstelle, Beate Lisofsky, Oppelner Str. 130, 53119 Bonn, E-Mail: bapk-berlin@psychiatrie.de

Prof. Dr. phil. Fritz **Mattejat**, Jahrgang 1945, Diplom-Psychologe, Psychologischer Psychotherapeut, Kinder- und Jugendlichenpsychotherapeut. Bis zum Ruhestand leitender Psychologe an der Klinik für Kinder- und Jugendpsychiatrie der Philipps-Universität Marburg. Vorstand des Instituts für Verhaltenstherapie und Verhaltensmedizin an der Philipps-Universität Marburg. Verfasser und Herausgeber von mehreren Lehrbüchern zur Psychiatrie und Psychotherapie im Kindes- und Jugendalter. Kontakt: Prof. Dr. Fritz Mattejat, Institut für Verhaltenstherapie und Verhaltensmedizin (IVV) an der Philipps-Universität Marburg, Hans-Sachs-Str. 6, 35039 Marburg, E-Mail: mattejat@ivv-marburg.de

Autorinnen und Autoren

Beckmann, Ortrud, Jg. 1952, Kinder- und Jugendlichenpsychotherapeutin, war zunächst bei den Auryn-Kindergruppen von SeelenNot e. V. tätig, (www.seelennot-ev.de), seit 2000 kümmert sie sich um Patenschaften für Kinder psychisch kranker Eltern bei Pfiff e. V., E-Mail: Ortrud.Beckmann@Pfiff-Hamburg.de.

Deneke, Christiane, Dr. med., Jg. 1943, Ärztin für Kinder- und Jugendpsychiatrie und Psychotherapie, im Ruhestand. Kontakt: Beratung@seelennot-ev.de.

Franz, Michael, Priv.-Doz. Dr., Jg. 1958, ist seit 2007 Ärztlicher Direktor der Klinik für Psychiatrie und Psychotherapie Merxhausen mit Standorten in Bad Emstal-Merxhausen, Kassel und Hofgeismar. E-Mail: michael.franz@zsp-kurhessen.de.

Hahlweg, Kurt, Prof. Dr., Jg. 1947, Ordinarius für Klinische Psychologie und Psychotherapie, TU Braunschweig, Institut für Psychologie. E-Mail: k.hahlweg@tu-bs.de.

Hartmann, Hans-Peter, Priv.-Doz. Dr. med., Dipl.-Psych., Jg. 1949, seit 1997 Ärztlicher Direktor des Psychiatrischen Krankenhauses Heppenheim/Bergstraße.

Heim, Susanne, Jg. 1937, seit 1984 in der Angehörigenselbsthilfe engagiert. 1985 Mitbegründerin und bis 1995 Vorsitzende der Kölner Hilfsgemeinschaft Rat und Tat e. V., Initiatorin und seit 1996 Co-Moderatorin des Kölner Psychose-Forums.

Hornstein, Christiane, Dr., Jg. 1948, Leiterin der Mutter-Kind-Behandlung am Psychiatrischen Zentrum Nordbaden, Wiesloch, und des perinatalen Präventionsnetzes im Rhein-Neckar-Kreis. E-Mail: Christiane.Hornstein@PZN-Wiesloch.de.

Andre-Lägel, Ines, Dipl.-Psych., Jg. 1968, Psychologische Psychotherapeutin & Hypnotherapeutin, tätig in eigener Praxis für Psychotherapie (Kinder, Jugendliche und Erwachsene) in Berlin. 2006 bis 2008 Leiterin der Kinder-, Jugend- und Familienberatungsstelle AURYN in Leipzig. E-Mail: kontakt@praxis-andre.de

Lenz, Albert, Prof. Dr. phil., Dipl.-Psych., Jg. 1951, Professor für Klinische Psychologie und Sozialpsychologie an der Kath. Fachhochschule Nordrhein-Westfalen, Abteilung Paderborn, Fachbereich Sozialwesen. Ausbildung in Familientherapie und psychologischer Krisenintervention an der Akademie für Psychoanalyse und Psychotherapie München. E-Mail: a.lenz@kfhnw.de.

Lexow, Anja, Dipl.-Psych., Jg. 1976, Psychologische Psychotherapeutin, TU Braunschweig, Institut für Psychologie.

Scherber, Wiebke, Jg. 1967, Rechtsanwältin; Tochter einer schizophrenen Mutter, stellvertretende Vorsitzende des Landesverbandes NRW der Angehörigen psychisch Kranker, Mitglied einer Gruppe erwachsener Kinder psychisch kranker Eltern im Kreis Mettmann, NRW; Kontakt: wiebke.scherber@arcor.de

Schone, Reinhold, Prof. Dr., Jg. 1953, Professor für Organisation und Management am Fachbereich Sozialwesen der Fachhochschule Münster.

Schrappe, Andreas, Dipl.-Psych./-Päd., Jg. 1961, Evangelische Beratungsstelle für Erziehungs-, Familien-, Ehe- und Lebensfragen des Diakonischen Werkes Würzburg e. V., E-Mail: schrappe. eb@diakonie-wuerzburg.de.

Staets, Susanna, Sozialarbeiterin, Kinder- und Familientherapeutin, Initiatorin des Projekts Kipkel (www.kipkel.de).

Szylowicki, Alexandra, Dipl.-Pädagogin, Jg. 1954, Supervisorin, Mitbegründerin des Kompetenzzentrum Pflegekinder (www.kompetenzzentrum-pflegekinder.de); Leiterin des Pfiff e. V. (www.Pfiff-Hamburg.de).

Webel, Susanne, Jg. 1968, wissenschaftliche Mitarbeiterin, lebt in Köln.

Wiegand-Grefe, Silke, Prof. Dr. rer. nat., Jg. 1964, Psychoanalytikerin und Familientherapeutin, Leiterin der Forschungsgruppe Familienforschung am Universitätskrankenhaus Hamburg-Eppendorf, seit 2011 Professorin für Klinische Psychologie an der Medical School Hamburg.
E-Mail: silke.wiegand-grefe@medicalschool-Hamburg.de

Wiese, Meike, Dipl.-Psych., Jg. 1980, Psychologische Psychotherapeutin, TU Braunschweig, Institut für Psychologie.

Wunderer, Susanne, Dipl.-Päd., Jg. 1968, Dipl. Heilpädagogin, Initiatorin und langjährige Mitarbeiterin des Projektes »Kinder psychisch kranker Eltern«, eine Kooperation zwischen Frühförderung und Psychiatrie in Köln. Jetzt Berufsschullehrerin in Bonn.

Kindern Psychose erklären

Kerstin Trostmann, Rolf Jahn
Der beste Vater der Welt
40 Seiten
ISBN 978-3-86739-057-6
Ab 5 Jahren

Als der »beste Vater der Welt« sich plötzlich von Außerirdischen verfolgt fühlt, bekommt Nick Angst. Seine Mutter erklärt ihm, dasssein Vater an einer Psychose leidet. Und wie man in der Familie mit der Erkrankung umgehen kann. Mit viel Platz zum Malen, damit jedes Kind eine eigene Geschichte erzählen kann.

Irene Stratenwerth, Thomas Bock
Die Bettelkönigin
111 Seiten
ISBN 978-3-86739-041-5
Ab 9 Jahren

Felix lebt in einer geordneten Welt, bis er auf Finchen trifft und auf Maruschka, alias die Bettelkönigin, die knallbunte Bilder malt und auf der Straße verkauft. »Bin schizophren, brauche Geld für neue Farben« steht auf ihrem Schild. Zeitweise kann man sie nicht ansprechen, dann hört sie Stimmen. Dieses liebevoll und mit viel Humor erzählte Großstadtmärchen mit wahrem Hintergrund macht eine psychische Erkrankung für Kinder begreifbar, ohne sie zu erschrecken.

BALANCE **buch + medien verlag**
Internet: www.balance-verlag.de • E-Mail: info@balance-verlag.de

Kindern Depression erklären

Erdmute von Mosch
Mamas Monster
40 Seiten
ISBN 978-3-86739-040-8
Ab 3 Jahren

Ein Depressions-Monster, das Gefühle klaut, ja gibt´s denn so was? Seit Rieke weiß, was mit Mama los ist, geht es ihr gleich besser. Mit einfühlsamer Sprache und zarten Bildern hat Erdmute von Mosch ein Buch gestaltet, das Kindern die Krankheit Depression erklärt und ihnen die Sorge nimmt, Schuld an der Traurigkeit ihrer Mutter zu sein.

kids in BALANCE

Kindern Borderline erklären

Christiane Tilly, Anja Offermann
Mit Illustrationen von Anika Merten
Mama, Mia und das Schleuderprogramm
40 Seiten
ISBN 978-3-86739-075-0
Ab 5 Jahren

Mia hat eine tolle Mutter, die Handstand kann und gern laut Musik hört. Nur manchmal ist sie traurig und tut sich dann weh. Mia versteht einfach nicht wieso.
»Bei deiner Mama wirbeln ganz viele Gedanken und Gefühle durcheinander. Wie bei einer Waschmaschine«, erklärt die Ärztin Mia die Situation, und sagt ihr auch, was Mama tun kann, damit es ihr bald besser geht.

Video der Grafikerin Anika Merten auf
www.youtube.com/watch?v=DOuplO_sWgo

BALANCE buch + medien verlag
Internet: www.balance-verlag.de • E-Mail: info@balance-verlag.de

Basiswissen

Albert Lenz
Psychisch kranke Eltern und ihre Kinder
ISBN Print: 978-3-88414-541-8
ISBN PDF: 978-3-88414-766-5
1. Auflage 2012, 144 Seiten

Kinder werden innerhalb des psychosozialen Hilfesystems oft übersehen. Dabei ist die Mitversorgung der Kinder psychisch kranker Eltern ein unabdingbarer Bestandteil zur Prävention und zum Schutz der seelischen Gesundheit - der Kinder und der Eltern. Denn Mitversorgung bedeutet auch, die betroffenen Eltern nicht mit ihren Nöten und Ängsten allein zu lassen.
Prof. Dr. phil. Albert Lenz zeigt, warum und wie Kinder bei der Unterstützung berücksichtigt werden sollten. Ein besonderes Augenmerk gilt den systemübergreifenden Hilfen, die Kooperation von Psychiatrie und Jugendhilfe, ohne die vieles nicht zu realisieren wäre.

»Baukasten« für die Präventionsarbeit

Bauer | Driessen | Heitmann | Leggemann
Psychische Erkrankungen
in der Familie
Das Kanu-Manual für die Präventionsarbeit

Ullrich Bauer, Martin Driessen,
Dieter Heitmann, Michael Leggemann (Hg.)
Psychische Erkrankungen in der Familie
Das Kanu-Manual für die Präventionsarbeit
Psychosoziale Arbeitshilfen 29
ISBN Print: 978-3-88414-561-6
ISBN PDF: 978-3-88414-803-7
1. Auflage 2013, 176 Seiten mit
umfangreichen Downloadmaterialien

Kanu ist ein modular aufgebautes Präventionsangebot für Familien mit einem psychisch erkrankten Elternteil. Das umfassende Instrumentarium zielt darauf, die Ressourcen aller Familienmitglieder – und im Besonderen die der Kinder – zu stärken, Eltern zu entlasten und damit eine Versorgungslücke zu schließen. Dabei wird das gesamte Hilfesystem einbezogen. Das Buch funktioniert nach dem Baukastenprinzip und bietet vielfältige praxistaugliche Vorlagen, die z.B. auch bei Familiengesprächen, in der Psychoedukation und in der Einzel- und Gruppenarbeit mit Kindern und Eltern genutzt werden können. Alle Materialen für die praktische Arbeit sind auch als Download verfügbar.

Psychiatrie Verlag

Telefon 0221 167989 -0, Fax 0221 167989 -20,
E-Mail: verlag@psychiatrie.de
Internet: www.psychiatrie-verlag.de